你不奇怪，只是比較敏感

學會與自己相處，
解決90％人際×職場×生活
的煩惱

武田友紀・著
池迎瑄、高詹燦・譯

前言

專為因工作或人際關係苦惱的人提供解答，分享來自大家的智慧！

來自日本全國心思細膩的人們的經驗分享，本書集結了「工作與人際關係的各種心法」。

近年來，高敏感族群（HSP，Highly Sensitive Person）的概念逐漸廣為人知（在本書中統稱為「高敏人」），透過舉辦交流會，或是當事人在社群網路的交流等，正在持續凝聚壯大。

實際上，在高敏人聚集的地方，有句琅琅上口的台詞：

「在這種時候，大家會怎麼做呢？」

高敏人的感受力強烈，也會仔細去思量對方的心情與狀況。因此，「拒絕邀約時要如何不傷到對方」、「不敢開口對職場的上司說話……」等，會懷抱著這類小煩惱。「不想去就拒絕吧」這樣的建議固然不壞，但真正更想知道的，是「實際上要如何應對比較好」、「其他的高敏人是怎麼做的」這類具體的內容。

因此我集結了實際上的應對方式與經驗談，如「想要拒絕邀約或工作委託時，我是這麼應對的」，只要知道訣竅就能解決大多數的困擾！在此獻上來自大家的「智慧小錦囊」。

本書盡可能蒐集了許多人的心聲，加上與高敏人的晤談，總計100位以上的高敏人協助問卷作答。內容滿滿的都是每位高敏人如何充滿朝氣面對生活的「智慧」。

當感到困擾或煩惱時，不妨抱著參考看看「高敏人的智慧小錦囊」的心情翻開這本書吧。若能成為高敏人活出自我的指標，讓各位的內心變得輕鬆、受到鼓舞等，會是我最至高的榮幸。

你會因為在意小事情而煩惱嗎？

這件事
能麻煩妳嗎？
我現在
忙不過來！
這樣啊——
咦？可以這麼直接？
為什麼能拒絕得
那麼直接……

午餐時間
最近有什麼
好事嗎？
最近
還好嗎？
咦？嗯……
沒有耶……
好不習慣
閒聊喔，
不知道要說
什麼好……

我是不是凡事都
想太多了？
呼……
要變得更
堅強才行…

Yahuu
工作 敏感
找到好多！
原來有很多
跟我一樣的人!!
這是HSP？
「高敏人」……
就是指我這種人？
等等再來仔細閱讀。

PM1:00
我回來了～
○○小姐！
是、是!!
抱歉，xx小姐
說她沒辦法處理，
能不能麻煩妳？
喔喔，
我明白了。
其實
很想拒絕～
PM7:00
明明自己
也很忙卻
答應了……
網路上說
「不願意可以拒絕」，
但實際上
要怎麼拒絕啊？

不知道其他高敏人
是怎麼應對
職場跟人際關係？
雖然有辦交流會，
但要參加
都是陌生人的聚會
難度好高～。
為了有這種煩惱的人，
本書集結了138位
高敏人的智慧！
請問是哪位？
我是武田
冒出

※以網路問卷與晤談的方式調查。
網路問卷：2020.6.29～7.1。分成職場與私生活，請填寫者自由擇一作答。
晤談：2020年3月～4月實施完整作答。網路問卷參加者為134名，諮商為4名，總計有138名參加者協助作答。

目次

你不奇怪，只是比較敏感

學會與自己相處，解決90％人際×職場×生活的煩惱

第1章

改善人際關係的必修心法

第2章 改善職場煩惱的必修心法

第3章

解決日常煩惱的必修心法

第4章

活用「高敏人」優點的智慧小錦囊

序章

……

改善人際關係與工作的「高敏人」必修祕訣

什麼是「高敏人」？

首先，根據美國心理學家依蓮・艾倫（Elaine Aron）博士的學說，再融合我個人的解釋，在此針對高敏人進行簡單的解說。

（若想先了解何謂HSP，請直接跳至22頁）

「與人長時間相處會感到疲累」

「周遭有人心情不好便會感到緊繃」

「容易察覺到小細節，導致工作上花費更多心力」

「容易感到疲累，壓力會影響到身體狀況」

簡單說明上述的這些狀況。

有一群心思細膩的人，經常能察覺到周遭的人察覺不到的小細節。

心思細膩的人如此敏感的性質，長期以來被誤解成「想太多」、「太過嚴肅」等人格特質。然而，根據艾倫博士的調查，發現每五個人之中便有一個人是屬於「先天敏感的人」。

正如同天生個子高挑的人一樣，高敏人先天性的特質，證實了世界上存在著「先天敏感的人」。

艾倫博士將這個族群取名為HSP。而HSP的意思正為「高度敏感的人」、「過於敏感的人」，本書將這份特質視為「優點」，統稱為「高敏人」。

艾倫博士表示敏感與不敏感的人（在本書統稱為非高敏人）的大腦神經系統有著差異。當受到光線或聲音等刺激時，神經系統的興奮反應會因人而異，**敏感的人會比不敏感的人更容易出現反應**。

不光是人類，馬或猿猴等高等動物，整體之中的15～20％會對刺激迅速地出現反應。故推測，有可能是為了延續物種，因此產生了這些先天敏感的個體。

此外，有調查指出高敏人從嬰兒時期便有其特徵。根據哈佛大學心理學家傑羅姆・凱根（Jerome Kagan）的調查，當受到相同的刺激，約有20％的嬰兒會有手腳大力揮動、想要逃離般弓起背部和哭泣等，對刺激出現敏銳的反應。

細膩、敏感一類的形容詞，容易給人文靜的印象，但實際上有形形色色的高敏人。有人喜歡在大眾面前說話，也有人做事幹練，具有領袖氣質，喜歡帶領其他人。其中也有人是「在職場上直言不諱，辦事幹練俐落，旁人都看不出有細膩的一面」。這類人多半是刻意不抱怨或吐苦水，因此容易被認為「總是很能幹，看似沒有煩惱」。然而，透過諮商，這類人也容易受到刺激而感到疲倦，或是對職場上的人際關係費盡苦心，懷抱著不為人知的煩惱。

以旁觀角度來看，每個人的個性各有不同，但高敏人的共同點正是**「比非高敏人接收到資訊量更多，並且會去深入思考」**。

高敏人具有的4種特質

既然每個人的個性各有不同，或許會有人困惑「那麼誰才算是『高敏人』？只要稍微有細膩的一面就會歸類成『高敏人』嗎？」

事實上並非如此。艾倫博士表示，此類特質的根底一定會存在著以下4項條件

（DOES），只要缺少了一項，基本上不能算是「高敏人」。

・D…深入處理（深入思考）Depth

能瞬間感受到形形色色的資訊，會深入思考其他人平常不會去思考的事情。會關注到複雜或細微的事情，比起表面的事物，會更傾向於去思考本質。

・O…容易過度接收到刺激 Overstimulation

由於接收到的資訊量比其他人更多，導致比其他人更快感到疲累。對響亮的聲音、強烈的光線、炎熱、寒冷及疼痛等過度敏感。即使是開心的活動，也會因為受到過多刺激而感到疲累，或是因為精神亢奮而失眠。為了化解接收到的過度刺激，需要獨處或沉靜的時間。

・E…情緒感應強烈，具有高度同理心 Emotional & Empathy

具有高度同理心，容易察覺其他人的想法與心情。HSP的鏡像神經元（產生同理心的神經細胞）的活動會比非HSP更加活潑。對社會案件、重大意外的新聞或暴力性的電影等會有厭惡的傾向。

‧S…能察覺細微的刺激 Subtlety

細微的聲音或氣味，對方的聲調或視線，自己受到嘲笑或不經意的鼓勵等，能察覺到這些細微的事物。每個人能察覺到的事物各有不同。

以上內容為本書作者根據依蓮‧艾倫著《比其他人更敏感的女子》、明橋大二著《HSC的快樂育兒建議》（書名皆為暫譯，日本1万年堂出版）改寫。

艾倫博士的HSP自我檢測刊載於其日文版官方網站（http://hspjk.life.coocan.jp/selftest-hsp.html）。

HSP並非是疾病或發育障礙，而是一種特質。由於對光線或聲音會出現敏感反應，這種敏銳的感知能力，經常被誤認成自閉症譜系（自閉症、亞斯伯格症候群等發育障礙），但HSP與自閉症譜系是截然不同的。相較於自閉症譜系難以察覺到其他人的心情，HSP則容易察覺到其他人的心情，並具有高度同理心。

高敏人活出自我的3大重點

那麼，高敏人想要活出自我，應該怎麼做才好呢？
依據過去接觸過高敏人在工作或人際關係的諮商經驗，我在此歸納出3大重點。

1. 理解高敏人與非高敏人的差異，重視自己細膩的一面

雖然在分類與程度上會有個人差異，但除了「自己以外的事物」，如人的情緒、四周的氣氛，或是光線及聲音一類的環境變化以外，高敏人對於「自己內在發生的事情」，如身體狀況、心情及新靈感等，也是比其他人感受度更高。

高敏人與非高敏人的感受差異是截然不同的。高敏人能馬上察覺並指正的事物，非高敏人通常是毫無所覺，不然就是抱著無所謂的想法。因此，高敏人會被周遭認為是「太在意小細節」、「神經質」，甚至是「太多心」、「想太多」等。

高敏人從小就在內心有股「自己跟周遭格格不入」的疏離感，直至長大成人仍不知道其原因。由於感受性是天生的，因此難以進行客觀比較。周遭的人對事物的感受是截

然不同的——不會像自己那樣感受到大量資訊，也不會凡事過度思考——這是高敏人始料未及的。

自己與旁人的感受是有差異的。無關優劣，僅僅只是「有所不同」。高敏人若能重視自己細膩的一面，才能活出自我。這是高敏人首先必需認知到的重點。**明白差異，才能減少與旁人的誤會。「為什麼察覺不到？為什麼不放在心上？」原本這類誤會，便能理解成「原來是沒有察覺到、是感受上的差異」。**

（關於其差異性，詳情請參閱筆者的《高敏人的職場放鬆課：給在職場精疲力盡的你，高敏感專業諮商師的42則放鬆處方箋》一書。）

2. 重視真心話與感受

要活出自我的第二個重點為，重視真心話與感受

「自己的感受可能不太正常」若是對自己的感受產生懷疑，當發生討厭或難過的事情時，反而是會去用「是因為自己太脆弱」、「必須改善想太多的個性」等理由斥責自己。不重視自己的感受，而是以周遭的人為基準時，便容易發生這樣的狀況。

無論與旁人想法上的落差有多大，自己的感受，對自己來說是貨真價實的。靜下心來聆聽自己的真心話與感受，接受自己的「真實想法與感受」，是最首要的一件事。

3. 選擇適合自己的環境

高敏人由於感受性高人一等，置身在適合自己的環境時，可以從周遭的人或是工作獲得能量；但置身在不適合的環境時，會因為不適應與環境的緊繃氣氛等，接受到比一般人更多的刺激而身心俱疲。如同人類無法選擇只對寒冷或炎熱有感覺，高敏人也無法只保留「正面」的感受。

因此，重視真心話，選擇適合自己的人際關係及工作是最為重要的。（關於轉換到適合自己的環境的方法，詳情可參閱筆者的日文著作《高敏人的活出自我》一書。）

高敏人能細細品味微小的幸福

高敏人並非總是過得很辛苦。雖然因為感受力強烈，容易造成身心上的疲勞，但同時，早上外出時天氣放晴，或是咖啡廳店員的親切笑容，便會感到滿足欣慰。高敏人容易察覺到每天的微小幸福，並細細品味。

我會在第４章詳細介紹高敏人的優點，希望能讓大家明白到高敏人的美好部分。

那麼，介紹就到此告一段落，接下來要進入正題了。

針對高敏人在人際關係或工作上的煩惱應該要如何處理，我將集結相關人士的經驗與智慧，並進行解說。

第 1 章

改善
人際關係的
必修心法

明天
一起
吃午餐？
雖然我也
很期待見面
但時間一長
就會覺得
很累啊～
明天一起吃午餐？
好啊～
我只能待到下午
2點可以嗎？
可以啊～
當天
啊，2點了！
我先走囉！
噢！下次見喔～
啊～
今天真開心！

1

雖然很喜歡朋友，但長時間相處會感到疲累

與好朋友們相處的時光很愉快，但隨著時間一長，便會感到疲累，忍不住想要早點回家。明明很喜歡朋友，為什麼會產生這種感覺？有不少高敏人抱著這樣的煩惱。要如何讓不勉強自己，又能盡情享受與朋友的相處時光？

事先告知能待多久

我要與人見面時，會在前幾天就開始做心理準備。在腦海中演練各種狀況，設想好什麼情況要去什麼地方。但即使是感情要好的朋友，我最多也只能待4個小時。在咖啡廳長時間面對面聊天容易感到疲憊，最好中途換個地點。人潮眾多的遊樂園對我來說刺激太大，有動物的牧場之類的地方比較能靜下心來。（橫山）

讓身邊的人理解「自己容易疲累」這件事

我感到疲累時會直接說出來（笑）。這麼一來，對方便會明白到我是「容易疲累」的類型，也就不需要勉強自己。如此一來，當感到疲累時，也能理所當然地休息，與人相處起來輕鬆不少。（高田）

利用獨處的時間休息獲得改善

跟朋友出去玩，各自回家後，利用獨處的時間聽音樂或喝茶，盡可能爭取獨處的時間讓身體休息，便能改善狀況。假設還是很疲累的狀態，就算收到朋友傳來「今天玩得好開心」的訊息，我也會等到隔天才回覆。雖然有罪惡感，但精神疲憊時容易反映到回覆的內容上，不如先讓自己好好休息。（青）

除此之外，還有這些方法！

事先告知今天幾點要回家便能輕鬆不少。 Q	一股腦兒地聽別人說話，真的會很累，我會不經意地轉移到自己感興趣的話題上。 美穗	和好朋友容易一有空就會一起出去玩，所以我會刻意填滿空檔，適度間隔幾天再和好朋友見面，負擔便能減輕。 千秋

先掌握自己的極限，在自己能負荷的時間內結束

由於高敏人感受力強烈，會接收到旁人的表情、不經意的舉動及語氣等大量的資訊。無論是多麼要好的朋友，長時間相處會因為接收到刺激而疲憊不已。經常聽到「雖然很開心，但回到家整個人累到不行」這樣的狀況。

因此，想要與朋友共度愉快的時光，首先要掌握自己的極限。**例如，3個人以上，90分鐘最為剛好，1對1的話，3小時是極限！等**，在邀約的階段，事先告知「當天要在幾點回家」，便能避免當天難以告知要離開的狀況。如果當天感到疲累時，無須考慮前後脈絡，不妨直接告知「時間差不多了，我先走囉～」。比起表現出歉意，用開朗輕鬆的態度講清楚，對方也能比較容易理解狀況。

除此之外，還有其他減少刺激的方式：

・**交談時避免面對面，盡可能並排（選擇吧台的座位）**

・**保留讓自己不去意識到對方的時間（多去洗手間，利用逛街或移動時多看其他事物或景色）**

這些都是建議採取的方法。

然而，除了HSP特質以外，也有其他會造成容易疲累的原因。例如配合對方當個聽眾、累了仍擠出笑容、遷就對方等，這些沒有表現出的情緒在累積之下，會讓整個人更為疲累。**試著提起自己感興趣的話題，若有想去的店，不妨直接問能不能進去，重視「自己想做的事情」，便能減少與人相處時的負擔。**

POINT

如果是真的感情要好的朋友，不用擔心會因此影響關係！

2

因為一點指責便忍不住沮喪，該怎麼辦？

在職場上或朋友之間，因為對方的一句話便感到受傷，導致沮喪失志……容易深入思考的高敏人經常會執著於不經意的一句話。其他的高敏人是如何面對這個問題的？

透過畫圖區分「自己」與「內容」來釐清狀況

我會在代表自己的插圖上畫對話框，在框內寫下受到指責的事物，然後在其他人畫上箭頭，指向那個框框。這樣子便能清楚知道不是自己本身受到否定，只是他人針對這些事物提出建議，如此一來便能讓心情輕鬆不少。（千秋）

與感情要好的人聊聊，能夠如釋重負

告訴感情要好的朋友或家人，有很難過的事情想要傾訴，在對方表示樂意後（態度溫柔、能夠理解自己的心情、有同理心等）再吐苦水。如果當下產生了「好討厭吐苦水的自己」這樣的心情，「這是我單方面的想法，我只想到自己」等，老實地表達出自己的罪惡感。基本上對方不會比自己更在意這些，通常也能夠獲得認同，讓我如釋重負。（電風扇）

選擇想要被誰指責在日記寫下無法反駁的內容

從事戲劇演出，周遭的評價經常都是「負評95%，好評5%」。因為清一色的負評，一開始我大受打擊。現在我會自己篩選出會給予明確指責的人。也不會像以前那樣動不動參加講習會了。將當下無法反駁的想法寫在日記上，也能讓心情輕鬆不少。（橫山）

除此之外，還有這些方法！

我會告訴自己就算跟其他人不一樣也沒關係。

春

我會在腦海中反覆回想小島義雄的「可是可是，那又沒差！」（搞笑藝人的段子）。

真子

走出戶外，吸收大自然的新鮮空氣，能讓自己恢復冷靜。

melon

正視受到指責時的心情，便能減輕打擊

高敏人擁有「深入思考」的特質。受到周遭的指責時，「早知道當初這麼做就好了」會不斷檢討自己的行動，「是基於什麼理由說出這種話」或是思考對方發言的動機。對方短短的一句話，便會讓自己陷入煩惱的深淵。

在這種時候，**首先冷靜下來聆聽自己的心聲**。面對「不喜歡被說那種話」、「打擊好大」這類情緒反應，不妨用「沒錯，真是很討厭」、「嚇了我一跳」來認同自己。接受自己的情緒，便能慢慢減緩受到的打擊。

再者，試著查證對方的話吧。高敏人容易將對方的話原封不動地聽了進去，**「對方雖然這麼說，但是真的嗎？」不妨抱持懷疑的態度**。如果打從一開始就認定「是自己不好」，便會容易被對方的話給刺傷到。可是，如果抱持「是真的嗎？」如此懷疑的態度，那份懷疑便會成為保護膜，避免受到刺傷。

對其他人說出的話，會反映出自己的人生觀。對其他人說出「應該這樣」、「這個

地方不好」等話，代表那個人也是這麼束縛著自己。例如，**要求其他人「做得更好」的人，也是會要求自己「必須做得更好」**。事先明白說話的動機，比起「被指責的內容」，更能理解到「這個人受到這些束縛」。

盡可能與會潑自己冷水的人保持距離，選擇與能夠鼓勵自己，給予正面力量的人在一起。

POINT

對方說出的話，同時也是對他自己這麼說

3

身邊有人喜歡抱怨或吐苦水，要如何避開這種人？

「可以聽我說一下嗎？」開口便是抱怨與苦水。「雖然不想聽，但不聽的話好像過意不去……」心軟之下，常常被迫接受這些負面能量。找出能夠避開聽對方抱怨的方法吧。

不要給予過度認同，刻意忽略

高敏人的感應力能清楚察覺對方希望吐槽或認同的地方，只要刻意忽略，對方無法獲得舒緩，便會停止講下去。（洋甘菊）

刻意不要馬上回覆，減少回覆的次數

透過LINE等通訊軟體往來，愈快回覆，等於增加一來一往的次數，所以我會在晚上就寢前或隔天早上回覆「抱歉，因為很忙，導致回覆晚了」，並盡可能減少回覆次數，便能減少煩惱的刺激，心情也會輕鬆不少。（鈴奈）

若不想要聽，就立刻遠離現場

當場離開！若是1對1等狀況，有時候會難以抽身，過去面對自己不在場也不會造成影響的狀況時，我也總是無法選擇離開。因為在意：我離開的話其他人會怎麼想？會把氣氛弄僵嗎？等旁人的想法，讓我總是選擇忍耐。但最近只要一感到不想聽，我便會悄悄離開，減少了受到無謂刺激的機會。（圓）

除此之外，還有這些方法！

告訴對方「這些話會讓自己聽了很累」。

美優

透過去洗手間或打電話等，試著不經意地轉換氣氛。

koko

說出自己的為難，表明「只有10分鐘」，以自身狀況為優先考量

雖然有個人差異，但大部分高敏人都是好聽眾。聆聽時能站在對方的立場，讓對方解釋起來更為輕鬆，並獲得被理解的感覺。

高敏人擅長聆聽的這一面，在工作或私生活都是能加以發揮的優點，**但優點必須是發揮在自己同意之下。不想聆聽的時候，選擇「迴避」、「盡可能不聽」也是必要的。**

想要避開其他人的抱怨與吐苦水，有以下的幾種方法。

1. 轉移話題

或許會認為轉移話題是很困難的，**利用「對了」、「話說回來」等接續詞，便可以自然地轉移話題**。

即使對方想要說完，或是話題尚未結束，「哦，這樣啊。對了……」、「這樣啊。話說回來，昨天電視上……」試著像這樣轉移到自己想說的話題吧。只要嘗試過，便能

發現「原來可以這麼容易轉移話題！」

2. 說出為難的心情

・「抱歉，我不太喜歡」、「繼續聽下去會不舒服」等，試著表達自己的感受。大部分的人都會道歉，並停止說下去。（電風扇）

・感到為難時，不妨舉手說「不好意思，雖然我想聽完，但有點不舒服，能不能讓我休息一下」，如此便能顧慮到對方的心情，同時表達出自己的為難，請對方給予諒解。（花丸）

有好幾種說出「為難」的方式。說話的人一旦激動起來，容易忘記顧慮到聽眾的心情，只要好好告訴對方，對方通常都會感到抱歉，停止繼續說下去。

雖然不是抱怨，但我以前也因為朋友一直聊戀愛方面的話題，而笑著說「哎呀，已經聽夠多了！」有過直接請對方停止的經驗。

3. 結束話題

・「感覺很複雜呢」用這句話結束話題吧。（白玉）

不去否定對方，而是直接結束話題。這是很聰明的做法。

如果是文字訊息，「真是辛苦你了，好好休息吧」建議用這種方式結束話題。只要這麼說，對方就難以繼續說下去。

4. 給予建議

雖然難度變高，**但「給予建議」也是能避開抱怨與吐苦水的方法之一**。對方開始抱怨或吐苦水時，基本上都是希望「有人能聽自己說話」、「獲得理解及安慰」等，想要表達自己的感受想法，並不是想要得到具體的建議。因此，他們通常不會找馬上就給予建議的人抱怨或吐苦水。

5. 設定時間，指定可以聽的時機

- **「我等等有其他事情，只能聽十分鐘喔」，我會像這樣設定時間限制。（美優）**
- **「欸我跟你說喔」當收到這樣的訊息時，回覆「可以明天再說嗎？」錯開時間**
- **對於經常抱怨的朋友，可以回覆「我現在有點忙，等我忙完再聯絡你！」**

抱怨與吐苦水是有限度的。「可以聽我說嗎」當對方這麼開口時，正是情緒最高昂、想要說話的時候，因此，選擇不立刻聽對方想說什麼，「可以明天再說嗎？」像這樣錯開時間，對方的情緒會慢慢平復，連帶降低想要說話的衝動。

不要乖乖聽對方說話，「明天我有空聽」、「明天〇點有空」像這樣**傳達自己的狀況，也能夠改善自己與對方的關係**。如果過去總是會聆聽抱怨或苦水，對方可能會認為「這個人都會聽我說任何事情」，因此清楚表達自己的想法，讓對方知道「我不是隨時都能夠配合的」、「我也有我自己的事情」，能夠減少被迫聆聽抱怨或苦水的狀況。

6. 離開現場

・當對方開始抱怨時，「哦～這樣啊」說完後離開座位，表示要去洗手間或是便利商店，讓自己離開現場。

過去諮商時，有聽過「在職場上變成前輩或上司抱怨的聽眾」的狀況，「其他人都會逃走，連我都跑掉的話，就都沒有人了」、「因為本性不壞，想說當個聽眾，或許能改善狀況」等，當事人會出現這類同情的意見。然而，當我詢問當事人是喜歡對方時，當事人都會表示沒有這類感情。

不厭其煩地聆聽其他人說話，看似是一件好事，但做得太過火會有危險。有可能會因為「其他人辦不到，但你應該就能辦到」，而被分派到脾氣古怪的上司麾下，或是任命去面對難搞的客人。

有位從事業務的求助者，在職場上有個脾氣不好的上司，當上司開始抱怨時，大家會立刻外出跑業務，走得一個不剩。這位高敏人總是來不及逃走，也會擔心自己像其他人那樣逃走是正不正確。

不是要想辦法「讓自己當個沒有負擔的聽眾」，而是重視自己「不想要聽人抱怨」的心情。不妨躲到洗手間，或是到其他地方工作等，盡可能地努力離開現場。

POINT

可以不用試著幫助對方，
要重視「不想聆聽」的心情

4

舉凡家事到安排與朋友的旅行，對苦差事總是落在自己身上感到焦慮

容易注意到小地方的高敏人，無論是工作或是私生活，總是會率先去處理各種事情。然而，把事情一股腦地攬到身上，反而會內心焦慮對方都不付出。在這種時候，應該怎麼辦才好呢？

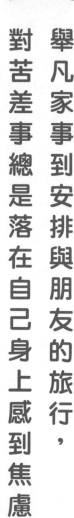

與家人討論，共同分擔

我比家人更容易注意到各種事情，所以只要一看見就忍不住動手處理。雖然是自己主動想做的，但逐漸感到厭倦了起來……因此，與家人經過討論，重新安排分擔的方式，讓我的負擔減輕很多。（川口）

放著不管的話，其他人反而會幫忙

若多少感覺到「都是自己在做事」……這個時候我會選擇乾脆不去接觸，也不做任何事。這麼一來，家人或朋友便會開始主動處理，也經常因此發現自己總是逞強將事情攬在身上。（千秋）

只選擇「想要做的事情」

為了不造成負擔，秉持著「自己想做所以才去做」的想法，選擇自己想做的事。如果總是自己一個人在忙，只要想到是自己想要做的，便不會那麼反感了。（春）

除此之外，還有這些方法！

告訴對方「今天就交給〇〇了～」。

世理

最好的方法是「疲累時什麼都不做，放著不管」、「不需要一口氣做完（像是吃完的餐具可以分好幾次清洗等）」。不勉強自己，能減少雙方的壓力，並讓感情更融洽。

電風扇

比起用頭腦思考「必須做什麼」，更應該重視內心「想做什麼」

高敏人「深入思考」的特質存在著兩個面向，一個是會鉅細靡遺地進行剖析，另一個則會聯想到各種狀況。後者的情況就算沒有特別意識，也會聯想到「這樣比較好」、「這樣沒問題嗎？」等各種狀況。

不光是工作，像是家事、安排旅遊等私生活方面，高敏人也會比非高敏人更容易察覺到許多事情，因此，若全部攬到自己身上，即使只是小事，也是會積少成多。

容易察覺到小細節是高敏人的優點，其細心的做事方式，肯定也讓不少周遭的人受惠。然而，**對家事或工作產生「總是自己在做！」的念頭，感到不耐煩時，便是超出負荷的徵兆。這時請暫時停下動作，思考自己想要怎麼做，確認自己真正的想法**。

之所以會希望要「確認自己真正的想法」，是因為**會感到不耐煩，代表真正想做的事情與現在做的事情有所落差。「想做什麼」與「必須做什麼」會開始出現不一致，代表腦海中被「必須做什麼」這個想法所占據**。

以下將介紹有關如何區分真心話與思考的方法。精神科醫師泉谷閑示將人類區分成「大腦」、「心靈・身體」。

「大腦」掌管理性，具有凡事都會想加以控制的傾向，會發出「～應該怎麼做」、「～不可以這麼做」等訊息；而「心靈」則是掌管感情、欲望及感覺（直覺），主要是針對「目前・此處」，發出「想做什麼」、「不想做什麼」、「喜歡」、「討厭」等訊息。

「心靈」與「身體」為一心同體，若大腦拒絕聽取心靈的聲音，那些聲音就會反應到身體上。（引用自泉谷閑示《「普通才好」這種病》，講談社現代新書，書名暫譯）

根據泉谷醫師的理論，我將真心話與思考的關係性，用下一頁的插圖作為呈現。在焦慮的狀況下做家事或工作，**內心所發出的「想做什麼」的訊息，會被大腦所發出的「必須這麼做」的這類「必須思考」所覆蓋，導致看不清真實的狀況**。

因此，當感到焦慮時，首先停下手邊的事情，深呼吸。

冷靜下來聆聽自己的真心話，釐清自己真正想做的是什麼。重點不是在於「要是對方這麼做就好了」，而是**「我想這麼做」，用「自己」作為主詞去思考**。

如果是分擔家事，或許會認為伴侶應該也要做，但內心深處的真心話其實是「我累了，好想休息」或「我還有其他想做的事」也不一定。

如果察覺到自己的真心話，首先試著達成自己的想法吧。例如，先休息個五分鐘，喝杯熱茶，將家事擱置一旁，做自己想做的事情等。滿足自己的真實想法後，焦慮便能迅速獲得改善。

等到平靜下來後，「我現在也很忙，能不能由你做家事？」「我負責這個，另一個能交給你嗎？」不妨像這樣討論分擔事宜看看。

感到焦慮時，就停下手邊的事情，達成自己「想做的事情」。等到平靜下來後再與對方

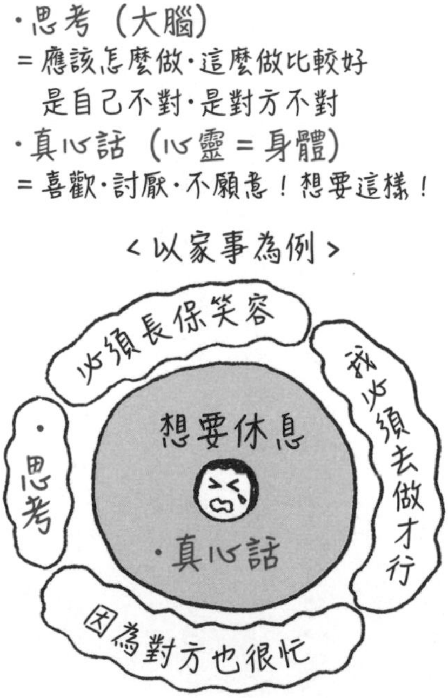

・思考（大腦）
＝應該怎麼做・這麼做比較好
是自己不對・是對方不對
・真心話（心靈＝身體）
＝喜歡・討厭・不願意！想要這樣！
＜以家事為例＞
必須長保笑容
我必須去做才行
因為對方也很忙
・思考
想要休息
・真心話

討論分擔事宜。只要先明白這個順序，便能減少在焦慮狀態下做家事或工作，讓生活更加順利平穩。

POINT

感到焦慮時，先停下手邊的動作，試著達成自己的想法

5

不知道要說什麼才好，不擅長閒話家常

「必須找個好話題」、「必須講對方會感興趣的事情」，只要愈這麼想，愈會讓閒聊的難度提高……要如何即使不閒聊，也能平穩地度過相處的時間？以下將根據高敏人的特質，思考出幾項方法。

將話題交給對方，專心當個聽眾

「自己必須提供話題」與其勉強自己這麼想，不如一開始便不要去思考「要說什麼話題」，而是將開口時機與找話題交給對方，專心當個聽眾，順著話題去回答，便能輕鬆許多。（花丸）

「對方或許也不擅長閒聊」只要這麼想就不會緊張了

雖然跟認識的人單獨對話沒問題，但與第一次見面的人或一群人閒聊時，便會在意起「對方對自己的看法」，並勉強自己配合對方閒聊。但只要想著「對方或許也不擅長閒聊」便能輕鬆不少，我也會告訴自己「不擅長也不能勉強」來讓自己放輕鬆。（川口）

用「這樣啊～」這句話保持距離感

我不感興趣時會不小心發起呆，因為比較輕鬆，所以我會一直發呆下去。「這樣啊～」配合著這句話，將身體靠著椅背來保持適當的距離感，也會中途去洗手間。雖然會擔心對方是否懷疑自己無心加入聊天，但通常對方都沒有放在心上。（電風扇）

除此之外，還有這些方法！

我不擅長閒聊，因為會擔心自己沒辦法有條理地說話，而陷入慌亂。因此，不要勉強自己開口，不妨打個招呼就好。

黃色鯨魚

基本上大部分的人其實都沒有認真聽別人說話，所以話題偏掉也不要放在心上！要事先做好這個心理準備。

春

只要有人從對方的身後經過，我總會忍不住看過去，因為會很累，便讓對方坐到靠牆那一邊，不讓背後的事物干擾談話。

美優

思考深度與感受方式因人而異，僅止於打招呼的關係也OK！

會對閒聊感到不適應有幾種可能的狀況。（基本上不需要勉強自己去閒聊，但對於「想要能夠與人閒聊」的人，請參閱第二項之後的內容。）

首先第一項是**「不喜歡對方」**。莫名感到話題不合，也對對方不感興趣。不少人會努力「透過聊天來與對方打好關係」，但有合得來的人，自然也有合不來的人。不妨想著**「即使無法聊得開心，打個招呼也OK」**。抱持著「僅止於打招呼的關係」這個想法，保持距離能讓心情變得輕鬆，更能露出笑容示人。

第二項是**「說出自己的想法卻沒有獲得認同」**，**導致潛意識對外豎起高牆**。在不被肯定、不被認同的環境下成長，也會產生「對方對自己的事情不感興趣」這個想法。

在這種時候，**即使是不重要或沒有重點的話題，不妨還是試著開口說出來看看**。有可能對方的會比預想中還要感興趣。隨著對方願意聆聽自己想法的次數增加，便會產生

「閒聊也不是壞事」的想法。

接著第三項，**比較想要「聊更深入的話題」，覺得較為表面的話題（閒聊）沒有意義**。由於高敏人比起表面的事情，更注重本質上的事情，因此容易一股腦地去研究自己感興趣的事情。**會用像是「天氣真好呢」那樣隨口閒聊的態度，談論人類生存的意義、政治情勢、工作上的改善點、哲學方面的話題等，比較傾向於探討性質的事情。**

感興趣的程度一旦不同，有可能會融入不了周遭的話題；或明明是談論同個主題，聊起來卻格格不入，無法明白彼此想要討論的內容。話題的深淺程度並無好壞，只是感興趣的程度差別而已。

若是想要尋找能夠談論同個程度話題的人，不妨透過社群網路服務發表感興趣的話題，到感興趣的場所出入，尋找與自己感興趣程度相近的夥伴。只要找到能談論深度話題的人，內心便能獲得滿足，即使是表面上的閒聊也能樂在其中。

最後的第四項，是**「閒聊到底代表什麼？不明白其中的意義」**。雖然能正常進行工作上的討論或報告，但提到閒聊，便會覺得「這到底有什麼意義？」不明白其中目的，也不知道要說什麼，腦海中只有滿滿的疑問。事實上，連我也是長年抱著這樣的想法。

這或許跟成長的環境有關。在養育我長大的家庭，親子之間幾乎不會進行日常上的對話、互相嬉鬧等「沒有目的性的互動」。因此，我無法明白閒聊的意義，也不曉得應該如何對應。

然而，當我長大成人，並認識到許多人後，有過與人幾次閒聊的機會。也曾因為對方善意的搭話「幸好雨停了呢」而感到開心。

透過明白「閒聊也能感受到對方的溫暖關心」、「不試著聊聊看，也就無從得知對方感興趣的話題」，我也開始會慢慢說出現在想到的事情，學會了如何與人「閒聊」。

隨著一點一滴學會與人閒聊，我開始明白「閒聊不是有目的性的，而是像小狗般一同嬉鬧」。即使在工作中有所不滿，但透過閒聊發現與對方的共通點，有可能還會因此改觀。

即使沒有目的，就算對方的回答牛頭不對馬嘴，試著說出腦海中當下浮現的事情，以結論來說，便是一種閒聊了。

POINT

不試著聊聊看，
也就無從得知對方感興趣的話題。
試著說出腦海中當下浮現的事情

6

不擅長果斷拒絕。有沒有巧妙婉拒的方法？

從拜託幫點小忙到私人時間的邀約，「其實很想拒絕，該怎麼辦？」這樣的情形意外地不算少見。為了避免因為太顧慮對方，不斷為難自己而痛苦，參考看看簡單婉拒的訣竅吧。

「讓自己休息」也是很重要的代辦事項

以前每天沒有安排行程便會感到焦慮，所以我也拒絕不了其他人的邀約，也因此感到疲憊。但現在學會用「有事情」來婉拒邀約。「讓自己休息」也是很重要的「代辦事項」。（橫山）

直接說出「那天沒有空」避免用客套話「下次再約」來婉拒

知道自己是HSP後，我決定不再勉強自己，收到邀約時，開始實踐「不想去就不去」這個原則。我通常不詳細解釋理由，而是直接說「那天沒空」。對於自己沒興趣的邀約，即使會感到過意不去，我仍避免說出「下次再約」這句話。因為真的希望對方再約的話，自然就會這麼說。（川口）

要下定決心做到「一定要拒絕」

若是關係要好的人，我會老實說出自己的不願意；若是關係不熟的人，只要露出為難的表情，對方通常會明白狀況。訣竅是要下定決心，告訴自己「一定要拒絕。做不到還答應反而會造成別人的困擾」。如果對方因此露出很為難的模樣，就試著討論折衷方案。（綿羊）

除此之外，還有這些方法！

實在不想答應，又無法直接拒絕時，心一橫寫了封信告訴對方「請讓我休息一陣子」。

Gon

我改變做法，選擇即使被婉拒後仍會繼續互動的人當朋友。如此一來也心情變得輕鬆，知道對方即使被拒絕，通常也不會放在心上，讓我鬆了一口氣。

電風扇

「不好意思，雖然我很想去，但最近莫名很疲累，等我恢復後再聯絡你」，我都是這樣拒絕對方。這樣說的好處是因為我的確感到疲累，對方也不會繼續深究下去。

鈴奈

用開朗的態度拒絕意外地管用

高敏人與人互動時，會細心顧慮到對方的狀況與心情，甚至因此會抱著「不擅長拒絕。要用什麼方式拒絕，才能不傷害到對方」這樣的煩惱。

在此給高敏人一個建議，不妨**用開朗乾脆的態度拒絕**。若是拜託你幫點小忙或邀約，用開朗的態度簡單表示「那天不行！」、「有點困難」即可。可以不需要解釋理由，但若又碰到同樣的邀約，可以直接告訴對方「其實我不喜歡這樣的活動」。「不擅長拒絕」的人通常是抱著「拒絕對方或許會被討厭」、「可能會傷害到對方」、「拒絕一次後，或許就不會再約自己了」等想法，認為答應與否會強烈影響到與對方的關係。

擅長拒絕的人，在這方面能夠明確地劃分開來。能將「答應與否」與「人際關係」在某種程度上加以劃分，並認為「即使拒絕了，對方有事的話下次會再問，也能夠維持比較良好的關係」。

若將「答應與否」與「人際關係」加以劃分，「拒絕」便不再是苦差事，能以輕鬆

大方的態度面對。

不擅長拒絕的人，也不喜歡被人拒絕，被拒絕往往會感到受傷。然而，只要累積「輕鬆拒絕」的經驗，便會發現拒絕不是什麼困難的事情，也不會影響到自己的價值，即使被拒絕也能以「這次只是剛好不方便」的態度去接受。

POINT

只要明白「即使拒絕後仍能維持原有的關係」便能輕鬆拒絕

7

要如何找到志同道合的朋友，或是高敏人夥伴？

曾有高敏人向我表示「想要擁有能說真心話的朋友」、「想要高敏人夥伴。在職場或學校等日常生活中碰不到高敏人」。要如何找到志同道合的朋友，或是能一起聊深入話題的對象？在此集結了各位的經驗。

邊閒聊邊尋找

我是用邊閒聊邊尋找的方式，重點在於用直覺去判斷「這個人沒問題」。每十個人中有會一個這樣的人。這樣的人能帶來內心的祥和。（橫山）

講座或同好聚會等
透過小組活動容易開啟話題

我很喜歡學習所以經常參加講座，從打字、瑜伽、手作、心理學、占卜及創業等，內容五花八門，我會跟坐在旁邊的人打招呼，若有小組活動便能開啟話題，交換聯絡方式，也因此成為了朋友。（綿羊）

不過度頻繁見面的距離
能帶來良好的關係

我透過游泳課交到了朋友。一起上課時，對方對身邊人的態度、與教練的溝通方式等，讓我覺得跟自己很像，猜想跟這個人一定合得來，一定同樣是高敏人，關係就變得要好。只是彼此都不擅長主動邀約，只有在上課跟上完課吃午餐時聊過天。不過度頻繁見面的距離感，比較能帶來良好的關係。（Q）

除此之外，還有這些方法！

我是透過Twitter。搜尋跟自己有一樣狀況的人，向對方打招呼。

M.N

我鼓起勇氣參加了一次同好之間的聚會。然後在聚會中找出跟自己合得來的人，目前跟合得來的人還有保持聯絡。

空也

在資格考試的預校經常見面的人當中，我找到了直覺「能成為好朋友」的人，鼓起勇氣搭話，結果變成非常要好的朋友。

mk

透過興趣或學習等，做自己想做的事，便能認識志同道合的朋友

根據問卷結果，想要找到志同道合的朋友，最常見的方法便是透過興趣或學習等，去自己感興趣的地方，遇到「感覺不錯」的對象，鼓起勇氣搭話，往往能變成好朋友。

透過做自己想做的事，最能自然地認識到價值觀吻合或與自己有相似之處的人。**高敏人往往擁有敏銳的直覺，請好好善用「這個人或許合得來」的這份感覺。**

接著，**若想認識高敏人夥伴時，建議也能參加HSP交流會**。據說每五個人之中就有一個高敏人，但大部分人都是「周遭沒有高敏人」。「高敏人」容易給人溫順的印象，實際上從喜歡主動開口說話到文靜的人，各種類型都有。職場上的高敏人有可能會武裝起自己，不讓人發現，所以乍看之下無法發現是「高敏人」。

HSP交流會聚集了平常難以發現的高敏人。以日本來說，交流會通常是由HSP主辦單位舉辦，會在全國各地舉辦，部分也提供線上參加。可以在網路或社群網站搜尋「HSP 交流會」、「HSP 聚會」等。根據主辦單位的不同，活動的氣氛與內容也

會有所不同，不妨試著尋找適合自己的活動。

參加交流會的好處，首先是能明白到「原來存在著與自己有著相同感受的人」。也有人第一次參加交流會後發現「原來有人能聽懂自己的話」、「無須言語便能心有靈犀」等感想。不妨將交流會作為一種交友的方式，試著參加看看吧。

POINT

也能透過HSP交流會
認識高敏人夥伴

8

要如何主動拜託人，或是對別人示弱？

「不能造成對方的困擾」、「對方也很忙，不好意思讓對方特地為自己撥出時間」一旦抱持著這種想法，便很難向人傾訴或拜託別人……在這種時候，大家又會怎麼做呢？

試著拜託之後，才發現大家都會樂意幫忙

在聯絡對方前會非常緊張，但心一橫拜託之後，我發現大家都會很乾脆地答應。因此，在拜託別人之前，會在內心告訴自己「只有自己會擔心」、「被拒絕也可以拜託其他人」。（青）

開門見山地問「可以拜託你做這件事嗎？」

最近因為太過糾結，我開始嘗試開門見山地問「可以拜託你做這件事嗎?」若是以前的我，容易用「若不會造成你的困擾的話，我想請拜託你幫忙這件事……」這種拐彎抹角的方式拜託別人。記住拜託別人時，最後要補充一句：「若感到為難，請直接跟我說喔」。（Q）

對別人示弱，也能讓對方無須太過顧慮

因為覺得要別人撥出時間會造成對方的困擾，所以有段時期我無法拜託任何人，還羨慕起能夠毫無顧忌地向周遭求救的人。但有次我突然發現「對別人示弱，也能讓對方無須太過顧慮」。願意示弱的人，其實也是有可愛的一面。（高田）

除此之外，還有這些方法！

老實告訴對方自己需要幫忙，對方也會好好回應，讓我很慶幸自己有開口。

Totty

「可以拜託你嗎？」簡短地拜託，也讓對方比較方便拒絕。

Y

「我很不擅長這個，但我覺得你一定辦得到，不知道能不能拜託你幫忙？」像這樣老實告訴對方自己的能力所及範圍。

春

試著用輕鬆開朗的態度問「可以拜託你這件事嗎？」

拜託人是很困難的一件事。在日本有著「不能造成別人困擾」的文化，不少人都認為拜託人等於造成困擾。這麼一來，便會猶豫著該不該開口拜託，即使只是小事情，也會帶著歉意，用非常恭敬的態度去拜託人。

然而，「拜託人」應該是簡單的一件事。**若是不擅長拜託人，不妨試著用輕鬆開朗的態度問「可以拜託你這件事嗎？」**重點在於「輕鬆」的態度。

高敏人之中，有些人會仔細觀察其他人，掌握住每個人的擅長與不擅長的事情。因此，建議也可以去拜託對方擅長的事情。

基本上，只要建立以下兩項認知，「拜託人」的難度便會降低不少。

第一項，**「拜託人是天經地義。向別人求救，就會有人伸出援手」這項認知**。若置身在不太會受到幫助的環境下成長，拜託人的難度便會提高。從小就抱著「凡事要靠自己」的高敏人，也有人是「一開始就沒有拜託人的想法」。無論是學校或職場，能夠獨立行事被視為優秀的表現，所以長久都是靠自己努力過來的人，難以意識到「其實可以拜託周遭的人」這件事。

然而，**這是個只要「開口求救」，便會有人伸出援手的世界**。如果不擅長拜託人，不妨從向百貨公司店員詢問洗手間位置等小事開始，試著開口看看。這麼一來，便能建立「其實人都是樂意幫助別人的」、「其實是可以拜託人的」這項認知。

如果想要找人商量時，**不需要**「先自己釐清過一遍」、「等到有一定方向之後再問」等，**試圖獨自撐過難關。感到迷惘時，不妨立刻開口將自己的煩惱告訴對方**。往往能夠得到意想不到的建議，或談過後順利整理出結論。**學會將煩惱直接說出口，讓周遭的人認識到自己凡人的一面，更有機會認識到能夠互相直言不諱的朋友。**

第二項認知看似與第一項互相矛盾，但其實是**相信對方的自立性，「不方便的話，對方也會拒絕」**。

拜託人這件事會造成對方的困擾，或是對方可能現在很忙……對此感到煩惱時，**請意識到「自己只需要決定要不要拜託」、「答不答應交由對方判斷」**。被拜託會造成什麼困擾、是否要答應，都是由對方判斷。只要意識到這些決定權在於對方，便不會過度顧慮，變得敢開口拜託人。

「可以拜託人」與「不方便的話，對方也會拒絕」，只要建立這兩項認知，「拜託人」這件事便不再嚴肅，而是輕鬆的一件事，並學會轉換想法：「如果被拒絕就去拜託其他人」。

開頭提到「拜託人等於造成困擾」這個文化，其實我過去也是抱著這樣的想法。然而，有了與各種人一起共事的經驗，我最近開始覺得，拜託與被拜託、造成困擾與感到困擾，其實並沒有利害關係，而是**「與周遭的人互相扶持」**的一種做法。

若要與人一起工作、生活，為了讓彼此能在良好的狀況下相處，需要互相彌補彼此的不足之處。如同是排球隊的概念，守住自己的防守範圍（簡單來說，須先達成自己的負責範圍），當有球漏接時，便並不會認為「拜託別人接球」這件事是「造成困擾」。

盡可能完成自己的本分，再請別人幫忙自己做不到的事，我認為這就是社會的運作方式。

POINT

答不答應是由對方判斷。
無須過度顧慮，決定權在於對方

9

要告訴周遭的人自己是高敏人（HSP）嗎？

曾有人問過我「是否要讓周遭的人知道自己是HSP？」隨著「HSP」、「高敏人」等詞開始為眾人所知，也陸續有知名藝人公開自己是HSP。那自己要用什麼方式告訴身邊的人呢？

讓對方做HSP檢測

我讓先生和好朋友做了書上的檢測項目，並用輕鬆的態度問對方「你有幾項符合?我有15個!」藉此說出自己是高敏人，並解釋這不是疾病，符合項目多或少都不需要放在心上。由於先生是非高敏人，讓我明白到為什麼過去會有感到格格不入的地方，感到十分慶幸。（鈴奈）

說出「我好像是高敏人」當作話題的開端

我有告訴過家人、伴侶及朋友這件事。都是在平常聊天時，提到「自己好像是HSP」。在這之前，我曾在網誌上寫到自己是HSP這件事，似乎讓開口的難度降低不少。說出來後，大家都會問什麼是HSP，解釋後都是不以為意的反應（笑），也有朋友主動說出自己也是HSP。（高敏女孩）

盡可能告知客觀的數據

我告訴了母親。母親是跟HSP截然不同的類型，我們感情很要好，但經常會溝通不良的狀況，讓我吃盡苦頭。向母親提起時，「每種動物都會有對刺激較為敏感的族群，我似乎就是那個族群」我像這樣省略主觀的描述，而是用客觀的數據去解釋HSP。也因為如此，母親比較能夠理解，也讓我們之間的溝通變得順利不少。（千秋）

除此之外，還有這些方法！

我告訴職場上的前輩，自己的特質是「有開心的事時會非常雀躍，受挫時會非常沮喪」，對方聽完沒有對此質疑，而是恍然大悟，順利得到對方的諒解。

Hoyoyo

我看著書店的HSP書籍的書頁，對先生說「這不就是我嗎？買來看看好了」，先生看到也表示認同。之後在日常對話上，開始能正常提及HSP的事情，讓我感到輕鬆不少。

Q

重視真心話，選擇能夠信任的人

關於要不要向周遭公開自己是HSP這件事，我的建議是**「重視真心話，若想要告訴信任的人，不妨開口說出來，若對方無法信任或不想被知道，則不要告訴他們」**。

要先認知到，**能否理解是取決於對方**。有人對HSP這個概念抱持否定的態度，告訴家人，希望他們理解，也可能會得到「什麼意思？要我們對你好一點嗎？」這樣冷淡的回應。是否會想去理解對方，是因人而異的。因此，告訴對方時，請選擇自己的伴侶或感情要好的朋友等能夠信任的人。

告訴對方時，不要只說「我是HSP」，要像**「因為這樣的特質，我需要大量獨處的時間。感到疲累時會躲在房間，所以請不要放在心上」等，用具體的狀況解釋，也能讓對方放心不少**。這是出自有位非高敏人曾提到「伴侶是高敏人，要如何與對方相處？」這個問題。非高敏人與高敏人的感受迥然不同，當知道自己重要的伴侶是高敏人時，真的會不曉得如何處理。如果沒有希望對方做什麼時，可以告訴對方「沒有希望要特別做什麼，只是單純希望你知道這件事」。

告訴職場上的上司或同事時，建議不要只是告知自己是HSP，要以「能夠提升效率」為前提，如「周遭沒有人會比較容易集中注意力，如果會議室空著的話，我可以到那裡工作嗎？」等，具體說出自己的需求，會讓對方比較利於處理。

POINT

具體解釋前因後果
會讓對方比較好應對

第 2 章

改善職場煩惱的必修心法

啊！要向
課長確認
這件事
才行!!
課長很專注呢……
但是下午
還有會議
吸
吐
3、2、1
好!!
可以打擾5分鐘嗎？
我想討論一下A的事情
嗯？
可以啊

10

猶豫著向上司開口的時機，同時也會耽誤到時間

「課長好像正在心情不好」、「現在好像很忙，感覺不太好」等，你是否曾煩惱著這些事情而錯過向上司開口的機會？因為會仔細觀察對方的情緒與狀況，反而會猶豫開口的時機……這種時候應該怎麼辦才好？

向上司本人確認開口時機

我直接詢問上司什麼時候能夠找他商量或問問題，結果得到上司具體的回答與要求，讓我不再為此煩惱。雖然會忍不住擔心「講太多會造成困擾」，但是知道當事人並沒有感到困擾，真是太好了。（中井）

「等到10點再去講」等設定好開口的時間

若非緊急狀況，我會設定好開口的時間。像是到了10點就要開口，或是放棄這次，下次一定要一鼓作氣開口。一開始會擔心造成困擾，但對方的心情也不會總是相同，我會盡可能不放在心上，先採取行動再說。（aya）

「可以為了〇〇的事打擾3分鐘嗎？」

「可以為了〇〇的事打擾3分鐘嗎?」（時間只是概算）像這樣一開始便告知目的與時間，即使被拒絕或延後，也能明白不是自己的問題，而是內容或時間優先順序的問題。實際上，開始告知時間後，被延後的狀況也減少了許多。（ui）

除此之外，還有這些方法！

猶豫而感到緊張會更容易疲累，所以我會在心中默念「好！3、2、1！」倒數後，鼓起勇氣開口。

由麻

除了急事，我會統整好後一併提出。也會在上司的辦公桌旁貼上「若您忙完了請告訴我」的便條紙。

喵太

我會利用電子郵件或通訊軟體。若是面對可怕的上司也會盡可能使用通訊軟體（即使就坐在對面）。

Chiara

訂立自我規則預防糾結疲累

透過鍵盤打字聲去猜測對方的心情好壞，或看著上司的行事曆煩惱「等等要開會，現在不要開口比較好」。因為等待著開口時機而耽誤時間，最後什麼都沒做反而搞得精疲力盡……為了預防這類糾結帶來的疲累，以下有兩個有效的對策。

1. 訂立自我規則

與其配合對方，不如想辦法「如何以自己的步調去行動」。

「猶豫十分鐘後要馬上行動！」、「想要找上司的時候對方不在的話，就留張紙條請對方預留時間給自己」等，像這樣事先訂立自我規則。按照規則採取行動，能夠有效減少每次的糾結。

如果周遭有人會不顧上司的心情或時間直接「突擊」，不妨試著做一樣的事。「雖然很緊張，但意外地順利！」只要掌握到這個感覺，便是一大收穫了。

2. 與上司討論溝通方式

有問題要隨時發問，還是整理後再問比較好，或是有沒有不適合開口的時間等，不妨可以像這樣與上司討論溝通方式。討論出彼此方便的做法，便不會再有猶豫「現在問問題會不會造成困擾」等狀況，讓溝通更為順暢。

建議也能將做法公事化，安排「每天下午預留十分鐘溝通」，當有事想商量或委託時可以利用這段時間進行討論。

POINT

事先與上司討論適合的溝通方式更為安心

11

一次被吩咐各種事情時容易手忙腳亂

當突然被吩咐一堆事情時，頭腦會無法運作，急忙開始著手進行，也會因為心頭掛著其他工作而感到焦慮，導致無法集中精神！

有什麼方法能讓高敏人跨越這樣的難關呢？

在紙上寫下要做的事情，一個一個完成

煩惱著從什麼開始著手時，會讓頭腦陷入混亂，胃產生壓迫感，所以我會先把要做的事情寫下來條列化。然後排好優先順序後再動手做。告訴自己不要求100%完美，總之只要先著手完成7成就好。（溫馨熊熊）

掌握現況，儘早調整行程

當工作增加時，我會先深呼吸後，將工作逐項列出來，便能清楚知道自己的能力範圍，並藉此去「尋求協助」或「調整行程」。雖然會緊張，但比起勉強自己去做，最後卻無法完成，造成其他人的困擾要好上太多了。（中井）

表明需要「等一下」能讓對方改變拜託的方式

在前一個職場，我的職務需要負責各種工作，曾經因為一次被拜託太多事情，讓我陷入混亂之中。從此，當收到拜託時，我會先說「等一下」、「可以等我1小時嗎?」這麼一來，對方也會改變拜託的方式，變得會先詢問我現在是否方便。（橫山）

除此之外，還有這些方法！

收起目前要處理的事項以外的所有東西（不要進入視線裡），告訴自己要「集中」，建立能夠集中精神處理最優先事項的環境。

Maa

同時逐步進行各種工作會讓我頭腦無法運作，因為始終無法適應，於是決定不去思考效率好壞或是要怎麼改善。

H20

我會在大張的便條紙寫上優先順序，貼在電腦上，當完成一件事後就劃掉，這樣也能讓周遭的人掌握狀況，個人十分推薦。

Muu

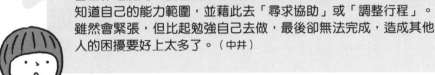

寫下代辦事項，選出「最重要」的一項工作

高敏人只要接觸到「新事物」，便會成為刺激，導致神經亢奮。因此，當工作一個接著一個來，便會同時思考著「這個應該要這樣做」、「那件事必須這樣……」等各種應對方式，結果就像開啟過多程式而當機的電腦一樣，無法正常思考。

在這種時候，請先深呼吸，然後試著寫下工作內容吧。紙張、便條紙或是代辦事項應用程式等，方式不拘，即使嫌麻煩也請務必寫下來，藉此能將腦海中的各種思緒排除在外，慢慢消除焦慮，心情也能因此平復。只要一慌張便會猶如天塌下來一樣，但冷靜下來後，有時候會發現其實自己能夠辦到。

關於寫下工作內容的這個方法，在問卷結果中也有**「只要寫下換自動筆的筆芯等小事，完成後立刻劃掉該項目，能夠有效提升動力。（鬍鬚包子）」**、**「將擔心自己無法做完的不安也一同寫下來。（Mocotama）」**等意見。

將工作內容寫下來後，選出「最重要」的一項工作。可以先對工作排優先順序，但

若是會將排優先順序這件事也視為工作的人，不妨先選出「一項最重要的工作」。當著手處理最重要的工作時，能夠讓心情平靜不少。

相較於同時處理複數的工作，高敏人比較擅長細心地依序完成各項工作。感到焦慮時，不妨先在紙上寫下來，發揮自己的優勢將工作「依序完成」。

POINT

發揮自己的優勢
將工作「依序完成」

12

總是忙著協助其他人，導致耽誤到自己的工作

看見同事的工作狀況，會擔心「這邊好像遺漏了，不要緊吧」，或察覺到「對方好像很煩惱，可能需要協助」。花時間協助旁人的同時，導致「耽誤到了自己的工作進展」。在這種狀況下，應該如何面對呢？

即使察覺到，也不要主動去幫忙 停留在「你覺得呢？」、「這樣做如何？」

即使察覺到了，我也不會去主動幫忙，我通常會拋出問題，問對方「這麼做如何?」、「我也沒有自信……你覺得呢?」這個方法也能運用在自尊心較高的上司身上。如果是關係到金錢損失，明顯有問題的狀況時，我會立刻給予協助，但沒有正確解答時，我會刻意不明說。（中井）

鼓起勇氣放手不管後 當事人會用自己的步調去處理

我曾因為對旁人給予過多協助，反而讓自己感到焦慮，導致身心俱疲。有一次，我決定「裝作沒有發現，不去協助對方，等到對方發現大事不妙時，或許就會主動處理了」，於是鼓起了勇氣，不搶先協助。結果出乎我的意料之外，雖然跟我的處理方式不同，但那個人以自己的步調完成了工作。有了這樣的經驗，我想放手也不失為一種方法。（naosu）

不去主動幫忙自己無力負荷的事情

如果是後進，我會抱著「放著不管，對他來說也是一種幫助」這樣的想法。自己去指示，有可能會剝奪對方的可能性……也有這一層的意義。如果是前輩，當自己無力負荷時，我會盡可能不去主動幫忙……！（蘋果）

除此之外，還有這些方法！

我會自問自答：那項工作的負責人是誰？告訴自己是對方的工作就要讓他負責，而自己現在負責的工作是什麼，在腦海中列出代辦事項。

Yukke

發現自己優先協助他人時，我會在手帳上寫下來，意識到有這樣的情形，告訴自己即使感到在意，也要盡可能不主動幫忙。

aya

停留在關心階段，不要增加自己的工作量

高敏人工作時會有將各種細節資訊連結、統整，**模擬出「若是這樣做，會有那樣的結果」的傾向**。因此，像是「繼續下去會需要重新來過」、「應該這麼做會比較好」等，往往能預想到接下來的狀況。對於工作時會考慮到風險的高敏人來說，有時候甚至會認為非高敏人的做事方式非常危險。

然而，每當發現到問題就主動攬下的話，會連帶導致工作量增加，容易超出自己的負荷。再加上，**每次都率先出手幫忙，以對方的立場來說未必都是件好事**。對方也有自己的做事方式與步調，必須經過挑戰與失敗，才能有所成長。不需要將「不讓任何失敗發生，並做好任何事情」視為目標。

當想要協助旁人的工作時，請先深呼吸，詢問自己以下兩個問題。

1. 這是誰應該負責的工作？ 2. 我想要幫忙嗎？

如果會有「這是對方必須做的工作，我不應該插手」、「有可能需要協助，但那會

耽擱到我的工作」這類想法，若狀況並不嚴重，不妨試著放手不管。

若怎麼樣都放不下心，「對了，這邊沒問題嗎？」、「要注意〇〇喔」可以像這樣提醒對方。不要主動表示「我來幫忙處理吧？」，**重點在於提醒對方**。

只要明白對方其實還不需要協助，有能力獨自處理，或是試著放手後發現不需要插手，這麼一來，便能專心在自己的工作上，不再需要費心去協助對方。

POINT

放下「必須協助對方才行」的想法，便會發現對方其實有能力自己處理

13

當職場中有人受到責罵時，自己也會感到沮喪

當周遭的人受到指責或責罵時，自己也會感到難受。不想聽卻還是聽進耳裡，即使知道不是在罵自己，仍會感到緊張或沮喪……在這種狀況下，要怎麼讓自己不放在心上？

將意識集中在身體感覺，便能冷靜下來

慢慢呼吸，有意識地放鬆肩膀的力量，將注意力集中在身體的感覺，便會發現自己比想像中還要緊繃，繼而冷靜下來。只要冷靜下來，便能想起與自身問題區分的視角，不再過度受到影響，因此變得輕鬆不少。（nini）

慰問受到責罵的當事人也能讓自己振作起來

當其他人受到責罵時，會因為當下氣氛的影響，產生自己也受到責罵的錯覺，連帶對受到責罵的人產生同理心，擔心起對方。在對方受挫沮喪時，「沒事吧?」像這樣慰問一聲，也能讓自己振作起來。如果還是感到難受，去找個性穩重的人聊聊，自己便能冷靜下來。（中井）

只要發現當事人其實沒有很受傷便能明白對方不會有事

在我的職場上似乎有不少比我心志堅強的人，當然沒有人被責罵還會感到開心，但自從發現其他人因為客訴受到責罵時，並沒有我想像中受挫或受傷後，讓我明白對方不會有事。當然還是會慰問一下對方。（千加）

除此之外，還有這些方法！

若能離開座位，我會離開現場，到洗手間等處避難。只要沒有聽見，就能讓內心保持平靜。

竹

因為一定也會有其他人感到不舒服，所以當聊到那件事時，我會表達自己的不適感來減輕負擔。

CT

受到責罵時的反應
會因人而有極大的差異

據說比起非高敏人，高敏人的鏡像神經元（產生同理心的神經細胞）會更加活躍。因此，當看見有人受到責罵時，有時候自己也會感到沮喪難過。

看見有人受到責罵，感到緊張或是不舒服時，不妨起身前去洗手間等處，試著離開現場。與其試圖去否定這時的感受，告訴自己「被罵的不是我」，**不如好好地接受自己的恐懼，比較能讓心情平復**。

此外，**不要過度將自己的心情套用在對方身上，也是很重要的一點**。當高敏人提到「有人受到責罵或指責時，自己也會跟著難過」，往往接下來會說「如果是自己像那樣被罵，一定會很難過」。考慮到對方的心情，是高敏人的強項，**但若是覺得「自己會有這種感受，對方也一定是這樣」像這樣套用自己的標準，往往會跟現實狀況產生落差**。

因為每個人面對事情的方式各有不同。舉例來說，對一件事的感受程度若有人是「10」，也會有人只感受到「1」，有的人則是「100」，而高敏人則屬於感受程度

「100」的那種。

首先，不要抱有先入為主的觀念，不妨試著觀察看看受到責罵的人之後的反應，有可能會發現對方沒有自己所想的那麼在意，絲毫不受影響。如果對方陷入沮喪之中，則可以開口慰問「沒事吧？」送對方糖果等小點心，表現出自己的關心。

再者，**如果是怒罵聲連連的職場或有職權暴力的狀況，會感到難受是正常的**。請立刻逃離不能確保自身安全的地方。

POINT

不要否定自己不舒服的感受，要立刻離開現場

14

當上司或同事心情不好時，會忍不住顧慮對方

當感受到上司不悅的情緒時，自己也會跟著緊張起來，雖然有案件想找上司商量，卻猶豫現在是否為開口的時機……不想受到職場上其他人的負面情緒左右，應該怎麼辦才好？

我會暫時離開現場

如果可以，我會暫時離開現場。如果無法離開，我會聆聽沉穩的音樂，進入自己的世界，或是深呼吸、拉筋等，然後聞聞香氛。我會隨身攜帶能擦在手腕上的香氛用品。（喵太）

減少接觸，透過通訊軟體溝通

勉強去讓對方心情好轉，往往會容易弄巧成拙，所以這種時候我會盡可能減少接觸。即使有事找上司，如果明白來得及的話，我會放棄今天找上司談。如果害怕面對面，我會透過通訊軟體溝通。但我仍然會因為與上司之間的關係感到痛苦，於是找了更高層的上司和勞務單位的人商量，最後同意讓我調換部門，所以抱著相同煩惱的人不妨去找其他人商量看看。（中井）

摸索適合自己的職場與工作方式
轉行從事自由業

對我來說，職場上的人際關係是長年以來的課題，現在已經轉行從事自由業。但每週需要見面一次的人陰晴不定，我會因為太過顧慮對方而身心俱疲，但只要想到一週只會見一次面，便得以撐下來。因此，學會與人的互動方式以外，不妨試著摸索適合自己的職場與工作方式。（nini）

除此之外，還有這些方法！

我會到洗手間等能夠獨處的地方，在那裡進行冥想等儀式。冷靜下來後，回去工作時想像著自己四周圍繞著防護罩。

Mug

「這個人總是心情不好，不是我的問題，我可以按照自己的步調開口」在內心這樣默念數次後，便能順利開口。

Akka

感到在意到不行時，我會故意製造機會去找對方，通常都會發現原因不是出於自己，於是能放心回去工作。

鬍鬚包子

不要去安撫對方的情緒
而是要照顧好自己

舉凡資料的擺放方式、鍵盤打字聲，到開關門的力道等，從這些細微的動作變化，高敏人便能判斷出對方的心情好壞。

對於心情不好的人，有人會刻意裝出開朗的語氣，或倒茶給對方，但我不建議去安撫對方的情緒。因為反覆做這些事情，有些人會習慣有人來安撫自己，態度變得愈來愈惡劣。

當上司或同事的壞心情影響到自己時，**請劃分「對方的情緒是對方的問題，跟自己沒有關係」**。然後，像是去上洗手間、買飲料休息，若會議室空著，就到那裡工作等，**建議保持物理上的距離**。製造機會去找其他人，或是跟信任的同事說發生了什麼事，與穩重的人互動也能舒緩緊張的情緒。

在過去的諮商經驗中，有些人表示「對方只要稍微心情不好，就會擔心是不是自己造成的」、「會覺得必須做點什麼安撫對方」，一問之下，發現有「父母脾氣不好，在家裡也會有所顧慮／為了讓對方露出笑容而努力幫忙／聆聽對方吐苦水」等狀況。每個人都有著想去安撫對方情緒的經驗。

對於這樣的人，**首先請明白「必須劃分自己與對方的情緒」**。對方的情緒責任在於對方，周遭的人沒有必要背負他的情緒。自己與其他人是獨立的人類，無論對方心情如何不好，自己也可以保持好心情。對方的情緒只能靠他自己平復，即使察覺到對方心情不好，也不要想去安撫，請試著置身事外。

POINT

劃分自己與對方的情緒，
對方的情緒只能靠他自己平復

15

座位距離太近會像是被人注視，導致心神不寧

辦公室的座位間隔太過狹窄，每當有人從身後經過時，總覺得被人注視，導致無法集中精神。隨著沒有隔板的開放式辦公空間開始普及，也出現了「沒有遮蔽物，導致難以工作」這類的意見。有什麼方法能讓自己集中精神工作，不在意周遭呢？

將座位換到角落

我進公司後一開始的座位是被安排在辦公室的正中央。好像是考量到我是新人，為了方便溝通所以刻意這麼安排，但前後左右都被人團團圍住，讓我很緊張，所以拜託公司讓我換到角落的座位。之後的座位都一直被安排在辦公室角落。如果沒辦法換座位，我打算在電腦螢幕貼上防窺貼片。其他人看不到螢幕就能讓我產生安全感，能夠更放鬆地工作。（中井）

周遭的人
其實沒有注意到自己

當座位很近時，我會偷瞄對方有沒有在看我，結果發現對方很認真在工作，完全不在乎我的存在，因此發現之前的擔憂單純只是自己多心，於是將電腦的桌布設成喜歡的照片，或是使用可愛的便條紙等，在手邊擺放喜歡的東西，讓心情變好，轉移自己的注意力。（aya）

等沒有人的時候再做會感到緊張的工作

我真的很討厭打電話，因為覺得會被別人注意，所以總是很緊張導致連話都講不好。有很長一段期間，我都覺得自己不擅長打電話。不過有時候趁著容易發脾氣的上司離開座位或是外出，就能順利打電話。也許可以試著趁不太好相處的人不在時再做。（yume）

除此之外，還有這些方法！

我會預約會議室，安排自己獨處的時間，然後轉告周遭的人今天會在裡頭待到幾點，也讓其他人能有獨處的時間。

Shell

在座位之間擺放文件收納架、迷你植物等，不經意地製造出屏障。

MaChan

我會擺放喜歡的模型、照片及文具來包圍座位，建立喜歡的空間。

Mocotama

透過文件收納架或桌曆來建立自己的領域

在艾倫博士的HSP自我檢測中，有一項為「工作的時候會因為要與人競爭，或被人觀察、注視，而感到緊張而無法發揮平常的實力」。對於高敏人來說，**被人注視時會感到焦慮不安**。為了讓自己能夠放心工作，不妨盡可能建立好環境吧。

1. 建立自己的領域

問卷中不少人回答「桌子擺放文件收納盒，排出一面牆」、「將收納盒層層疊起」、「將桌上型電腦的螢幕調高」等，會利用辦公用品建立牆面。除此之外，還有擺放喜歡人物的桌曆或迷你觀賞植物等，透過擺放療癒心靈的小東西來讓自己的座位更為舒適。

2. 讓自己的視線盡可能只看見需要的東西

戴眼鏡的人不妨將度數降低，讓自己看見只需要看見的東西。也能戴沒有度數的眼鏡，讓視線所及範圍變小。

3. 找上司或前輩商量

雖然會商量公事，但不曾商量過職場環境的問題，想必不少人都是這樣。需要集中精神時，想要使用空著的會議室，想要使用抗噪耳機等，請與職場的人商量看看。「順利換到角落的座位」、「得到允許可以使用耳塞」等，只要願意開口，通常會得到良好的結果。

如果「已經嘗試過了，但還是不適應在辦公室工作」，不妨以職場環境為優先，也能考慮轉職到能夠遠端工作的公司。

POINT

找人商量職場環境的問題。感到不適應不妨試著換工作

16

雖然想要指正對方的錯誤，但擔心會讓對方不高興

高敏人經常能察覺到其他人察覺不到的小事情，因此很容易發現職場中其他人的錯誤。然而，有些人表示一旦要指正對方的錯誤，會擔心讓對方不高興，甚至感到受傷等。要如何好好跟對方溝通呢？

用確認規定的方式來傳達給對方

我一開始會懷疑「那真的是『錯誤』嗎?」因為對方有可能只是不知道「原本就有的規定」，這樣的狀況也很常見。「指正錯誤」會變成居高臨下，所以我會用「你知道這個規定嗎?」這樣的方式向對方確認。如果只是簡單的事情，我會直接幫對方修正，然後告訴對方已經解決了。（高田）

指正對方也不會發生什麼事情

因為擔心而一直不敢說出口，但到了非說不可時，我還是會說。結果並沒有因此發生什麼狀況。因為是工作，接受指正能夠改善問題，所以我想對方也不會輕易就感到不高興。但如果是我的話，就會感到非常沮喪……。（高敏女孩）

簡單告訴對方「〇〇好像遺漏了，請記得處理」

要是下次還發生一樣的錯誤就不好了，所以我會告訴對方，讓工作進行更順利。而且對方也不是自己想要犯錯的，在腦中告訴自己對方不是故意的，然後語氣輕快地告訴對方「〇〇好像遺漏了，請記得處理」，只需要簡單提到發生了什麼，以及希望改善的問題。（aya）

除此之外，還有這些方法！

我會露出笑容，用輕鬆的態度說「這裡好像錯了喔～是不是工作太忙了？不要緊吧？」

Chiara

「我也經常這樣」，「大家都會出現這個問題」等，我會運用這些緩衝說法，婉轉地告訴對方。

Muu

「請問這個可以幫我這樣處理嗎」、「這裡應該是這樣對嗎？？」我會像這樣非常客氣地告訴對方。

Maririn

根據事實
盡可能平穩地傳達

由於高敏人會仔細觀察小細節，過去工作上發生類似的經驗也會一一累積起來。因此，經常會發現對方諸如「這件事我之前已經在電子郵件上提過了」、「這裡也漏掉了啊」等出錯的狀況。雖然想要請對方修正，又會擔心因此讓對方不高興，或是想到對方又需要花時間不太好意思……等，而煩惱著要如何傳達對方。

傳達事情的基本方式為「根據事實，態度平穩地傳達」，「這邊必須這麼做，麻煩你幫忙這樣處理」像這樣態度平穩地傳達。

犯錯往往是對方不清楚規定，或是不了解其中目的導致。所以經常發生「彼此的認知不同」、「只是不知情」等認知相違背的狀況。因此，傳達時應該避免過度畏懼或情緒化。

例如，在職場上傳達規定時，口氣不宜過度激動或畏縮，而是根據事實，態度平穩地傳達。像是「要丟碎紙機的資料，請放到這個箱子裡喔」這樣的態度；指正也是同樣的道理，「這邊是要這樣，請這樣做喔」像這樣便可以平穩地傳達。只要學會根據事實，態度平穩地表達，便能改善過度擔心對方的反應，更輕鬆地傳達。

「這種小事為什麼沒有發現？」若是像這樣感到不滿，在告訴對方之前，請回想「是要一起做出更好的成果」這個初衷。**即使感到對方錯誤連連，但自己也有可能不小心犯了錯，在不知情的狀況下受到對方的幫助。**只要抱持「互相體諒」的心情，傳達方式也能變得圓融許多。

POINT

可能在不知情的狀況下自己也曾得到幫助

17

接下各種麻煩的工作，卻被當成什麼都願意做的「便利貼人」……

「這個也拜託你了！」工作的委託接踵而來，甚至討厭的案子也面色不改地接下來，不知不覺間卻變成「你幫我做是理所當然」的情形……該如何從這種泥沼中掙脫出來呢？我們來看看高敏人們的實際經驗吧！

鼓起勇氣尋求周圍的幫助

其實我也曾身陷同樣狀況多年。試著運用些小技巧、小方法想改善情況卻失敗了，所以我鼓起勇氣告訴其他人自己身陷苦境之中，並保持「我沒有想責備你們」的明確態度，明白地傳達「如果能獲得你們的幫助我會非常感激」。雖然需要一定的勇氣，但長年深陷這樣的狀況中，我認為必須想辦法改善。勇敢說出口後，意外順利地得到大家的幫助，現在想想要是當初有早點開口就好了。（Maa）

「我一定要離開現在的職場」下定決心換了工作

各種人用「你一定做得到吧」的理由把工作推到我身上，最後超出負荷，導致身體健康出現問題。在前一個職場已經被當成什麼都願意做的「好好小姐」，所以下定決心「不離開這間公司是沒辦法解決的」而換了工作。到了現在的公司，除了被交代工作，我也會提出請求，還會直接對上司說「這樣的工作量，身體會無法負荷」（笑）。拜此之賜，現在工作變得輕鬆很多。（高田）

將工作內容書面化後與上司商量，順利增加了組員

對於直接委託我工作的人，就算手或說話會顫抖，我會先試著拒絕一次。如果內容牽涉到整個小組的話，我就將目前負責的工作內容書面化，讓上司清楚明白「目前這部分會造成負擔」，接著等待上司做決策，結果順利增加了組員。（Shell）

除此之外，還有這些方法！

對於想要把麻煩事推給我的人，我會以「抱歉啊，我現在沒空」的方式邊道歉邊拒絕對方。	找可能願意共事的人，教他做法並表示「下個月可以拜託你做嗎？這個月我會負責完成」，建立施與受的關係。	我沒有成功脫離苦海，但在克服了各式各樣的難關後，也有了一定的位階。
清水	Makki	鬍鬚饅頭

凡事都笑著接受非常危險，讓周遭的人了解自己的狀況

高敏人會替對方的情況著想，容易產生「如果我不幫忙的話，對方會非常困擾吧」之類的想法。職場上這類人容易被視做「認真又什麼都願意做的人」，因此更容易被委託工作。在被這些委託壓得喘不過氣前，必須找出解決對策。

其實也會有委託方不清楚當事人工作量的情形，所以需要適度傳達「自己因為〇〇的關係，目前無法抽身處理其他事情」等，首先試著說出自己目前的狀況吧。然後，**請務必認知到，若凡事都笑著接受的話非常危險。一旦被視做「不會拒絕的人」，情況會演變成「因為沒有其他人辦得到，所以必須由你來做」，棘手的工作被推到自己身上，或是「這個也拜託你了」的委託接連而來**。另外，要是輕易地接下工作，對方可能會認為「對你來說並不難嘛」，無從了解你的負擔，甚至會有被當作理所當然的狀況。

為了防止這類事情發生，我建議是**建立施與受的原則**。「我不會白白幫忙」、「這會增加我的負擔」之類的方式向對方表達清楚。

・可以回答「我知道了，那下次〇〇的事可以拜託你嗎？」如果目前沒有事情能拜託時，也可以笑著說「那下次我遇到麻煩時，你也要幫我喔！」

・如果是可以輕鬆交談的對象，可以用「真拿你沒辦法～我會加油的，給我顆糖果吧！」的方式要點零食，或是說「下次要請我吃飯哦」。

・被硬塞工作時，我會說「能做得到的我會盡力，如果不行也請你一定要幫助我」，避免讓對方全推到自己身上。（高田）

基於上述的方法，利用施與受的原則，接下工作時就能和對方就能產生良性的溝通。比起乖乖地接下工作，向對方傳達「我很努力在幫你的忙喔！」也更能增進同事間的良好關係。

POINT

建立施與受的原則，自己也得到幫助

18

不擅於對他人下達指示

不少高敏人有著「必須對他人下達指示，但是感到壓力很大」的煩惱。尤其對方要是比自己年長的人，或是資深老手會更加緊張。但只要稍微轉換一下思考方向，就能用輕鬆的態度下達指示了。來聽聽看大家的經驗談吧。

並非上對下的「指示」，而是用「明確分工」的態度

我不是以下達「指示」的方式，而是當作「明確分配各自負責的工作」。此外，「〇〇部分由我來做，△△的地方可以麻煩你嗎?」像這樣儘早告訴對方，也可以避免工作全部都落在自己身上。（高田）

下達指示的人會說明內容及協助，便能心情愉悅地完成工作

以身為接收指示的人來說，指示方不僅會好好說明「做這份工作的理由」以及「為何需要由我來負責的原因」，還會適時徵詢我的意見，並表示「有困難的話，要隨時跟我說！」這樣的指示方式讓我能夠愉悅地完成工作。（高敏女孩）

為「一起奮鬥的夥伴們」提供更能發揮所長的舞台

我認為不能因為職位與職稱不同就認定自己優於他人，甚至認為自己是領導者。為了讓每個人愉快工作，我是為大家提供更能發揮自己所長的舞台的方式，「我認為〇〇擅長這領域，所以想要拜託你協助」像這樣下達指示。（中井）

除此之外，還有這些方法！

我會以「現在工作狀況如何？」或是「有空幫我做〇〇這件事情嗎？」之類的方式，先確認對方現在的狀況，再告知期限拜託對方。

yoshi

我會再多問一句：「沒問題嗎？」

蘋果

一開始我會說「有件事想和你商量」，在和對方說明指示內容，讓對方明白自己的難處，工作就變得很順利。這招對後進特別有效。

Akka

別獨自承擔，用「分工合作」的態度詢問對方的「擅長領域」

曾在諮商聽過「其實自己只想留在技術職的位置，但因為年資累積，被交付成為了團隊的管理者。我不擅長下達指示，每次都會小心翼翼」、「雖然是新進員工，但因為是正職員工所以需要管理工作現場，當必須對比我資深的計時員工下達指令時，壓力就會大到不行」等各種煩惱。

傾聽過高敏人的情況後，了解到**「苦於下達指示的人，有將彼此視為上下關係的傾向；相反地，擅長對他人下達指示的人，大多是以彼此同為團隊中一員的態度來看待對方」**。

如果與上下關係來判斷雙方關係的話，下達指示就會變得像是在命令對方。「自己這樣說真的沒問題嗎？」不但會感到退縮，也容易陷入「沒有比對方優秀的話，就無法下達指示」的困境。

另一方面，**將著眼點放在團隊的話，指示並非「命令」，而是「分工合作的手**

段」。像是「我負責這個部分，你能負責另一個部分嗎？」因為是分工合作，所以就算有自己不擅長的部分也沒關係。「在工作上雖然自己是下達指示的人，但彼此是互相支援合作的關係。」——這樣一想就能輕鬆許多。

在高敏人之中，有人擅長仔細觀察周圍的人，找出每一個人擅長的領域。像是「A同事即便複雜細瑣的工作，也總是能正確完成」、「B同事擅長發想很多點子，可以負責企劃提案的工作」，**像這樣適才適所地安排工作內容的指示方式，正是發揮了高敏人的纖細特質**。

要是覺得「還找不出對方的特長」，建議直接向對方詢問擅長與不擅長的領域。我的情況是在與新編輯一同製作新書時，會大約在見面第二、三次，彼此開始熟悉時詢問：「那個，我對每個人都會問這個問題。可以請教您有比較喜歡的業務內容嗎？我認為知道彼此擅長與不擅長的事情，可以幫助工作順利進行。」

雖然我非常不擅於安排和調整日程，以及決定事情順序等，但只要有人說出喜歡做這類工作時，我會立即表示「我不擅長這部分，下次有需要時想要麻煩你」，說出自己不擅長什麼能輕鬆不少，事先知道對方擅長的領域後，也比較方便拜託對方。此外，要是能掌握對方不擅長的事物，在發生錯誤或是出紕漏時也能以「也是沒辦法的事情呀，畢竟已經說過不擅長了」的想法讓自己釋懷。**掌握對方擅長與不擅長的領域後，就能減少像是「應該要這麼做才對啊！」這類的誤會，工作效率也能提升。**

順道一提，如果直接向對方詢問「擅長」什麼業務的話，很有可能會讓對方不敢貿然回答，因此**改以「有沒有喜歡的業務」的說法詢問，對方也比較好回答**。

絕大部分喜歡的業務通常就是擅長的領域。對方有事先掌握自己的狀況再委託，也能讓工作變得愉快，因此請試著以互助互補為目標與對方討論。

雖然是題外話，在確認大家的問卷內容時，我想起自己還是上班族時，某位上司非常受到組員們的愛戴，現在回想起來，他正是實踐了各位所推薦的方法！

當時，我的工作內容是商品開發，大多時間都是待在實驗室裡埋頭作業，上司會默默地到實驗室裡，坐在我身旁關心我「現在情況還好嗎？」仔細聽我述說狀況，說到目前感到煩惱的地方時也會給予我意見。

想要委託我事情時，會用「有事情想跟你商量」來開頭；在解說完內容以及原因後，會再詢問「有辦法做到嗎？」來確認我的意願。

與上司的對話總是會讓我十分溫暖與欣慰。我認為**指示並非單向進行，而是建立於平時認真傾聽組員們的意見，以及在有困難時互相幫助等溝通與交流之中**。

POINT

重視平時的溝通與交流，才能順利傳達指示

19

該如何巧妙回絕上司指派的工作？

多數的高敏人不善於拒絕，其中也有人表示「周遭的同事可以明確表達『做不到』，但自己沒辦法像那樣拒絕別人」。「如何才能巧妙拒絕呢？」這或許是許多高敏人想破頭的問題。

「等到我把手邊的工作完成再幫你可以嗎？」

其實對以前的我來說，根本不存在「拒絕」這個選項。但是理解到要是任何事情都接下來，一定會超出負荷，所以現在都以「我可以幫忙，但是必須等到手邊正在做的工作完成之後，這樣可以嗎?」的方式來回絕。（川口）

工作委託先經過上司確認

利用「要是課長同意就沒問題」等理由，把上司當作擋箭牌。要是我接下工作的話，就等同整個部門的工作，若是期間我被調到其他部門，就會變成其他的同事必須負責。我認為接下其他委託的工作不單是我自己，而是整個部門的問題。如果只是為了自己，我可能沒辦法拒絕他人，但只要想到這是為了其他同事，就可以斷然拒絕。（高田）

表明「我沒辦法立刻著手處理」，以便調整交期

試著像「現在的工作會花很多時間，沒辦法立刻著手處理別的事情，如果是十天後的話，說不定可以幫忙，您覺得如何呢?」這樣與對方商量，有時會被回「那算了，我去請別人幫忙」，也會有人表示「沒關係，可以等你完成手邊的工作」。（Makki）

除此之外，還有這些方法！

試著以「客人會生氣，我沒辦法立刻抽時間幫忙」或是「××部長突然有急件委託我……」等，以地位高於對方的人當理由。

yoshi

反問對方「現在有必須優先處理的事，很急嗎？」通常都能順利躲過。

Ma

若是能力不足的情況，可以老實告訴對方「非常抱歉，我能力不及，沒辦法幫忙」。

蘋果

以「目前手邊沒空，沒辦法幫忙」等說法，表明自己的狀況

在第58頁有提到，「拒絕他人的委託」，其實不是那麼沉重的事情。與對方的想法以及價值無關，純粹是表達「目前不方便，這次沒辦法幫你」而已。**別想著「這次要是拒絕了，與對方的關係就結束了」，而是認為「之後還有需要的話，對方會再來問」，並表明自己的狀況。**直接表達「辦不到」可能有些難度，但如果是設定時間限制，像是跟對方說「**目前**手邊忙不過來，有點困難／不方便」就能比較婉轉地表達狀況。

此外，除了接受及拒絕這兩個選項之外，**還有「交涉」這個方法**。雖說是交涉。但不需要想得太過困難。

「目前正在做〇〇，忙完之後再幫你可以嗎？」

「如果交期訂在下個週末的話，也許就可以，你覺得呢？」

「我幫你處理一部分，剩下的能交由你解決可以嗎？」（Shell）

「我會以速度優先，完成度只有六成也沒關係嗎？」（高田）

諸如此類，以「適宜的交期與方法」＋「這樣的處理方式是否能接受」的方式詢問對方，就是交涉的一種方式。

如果是「一旦被拜託，就會順著對方的氣勢，不得不接下工作」的人，請試著不要當場立刻答應。即使當下覺得可以做到，也請先回答「請讓我考慮一下」、「我確認一下行事曆再回覆你，可以嗎？」這類的方式暫時保留答覆，等到對方不在場且冷靜下來後，仔細思考再回覆對方。

只要能理解到「原來拒絕對方，彼此的關係也不會受影響」、「原來可以交涉」，就能確保自己的步調，工作也會更為順心。

POINT

以「適宜的交期與方法」＋「這樣的處理方式是否能接受」的方式交涉

20

想要拒絕職場的聚餐邀約時，大家都是用什麼理由？

「如果是只有親近的人或是少人數的話還好，但如果是大型的聚餐真的會感到非常疲憊」，「其實一點都不想參加，但就是無法說出口」，我曾經聽過這些想法。當自己被選為公司迎新會或歡送會的負責人時，往往很難拒絕出席。大家是如何應對這樣的狀況呢？

態度開朗地表示「今天有事要先回家」

我平常就會表示「自己比較喜歡2、3人左右的小型聚餐」，所以當受到聚餐邀請時便開朗地以「今天有事要先回家」為由婉拒。雖然會拒絕參加聚餐，但也希望對方理解自己並非是不願意對他人敞開心房。答應參加聚餐時，因為不會迎合帶動氣氛，通常是擔任傾聽者的角色。（中井）

不說明理由，面帶笑容地婉拒

「不好意思，已經排好行程了～～～（面帶笑容）」
「我還沒辦法確定下個月的行程～～～（面帶笑容）」
要是理由說得不好，反而會更累，所以我乾脆不說明理由了。（蘋果）

擔任聚餐活動負責人，挑選感到舒適的店家

因為我不擅長參加超過5人以上的聚餐，轉職到現在的公司時，一開始就表明自己「不喜歡聚餐」。說出口後，並沒有被加以追究，甚至有不少人表示自己也一樣。不得不參加自己部門的聚餐時，我會自願當總召。可以挑選自己喜歡的店家，像是氣氛安靜，不會吵雜的地方，也能比較舒服地度過聚餐時間。（高田）

除此之外，還有這些方法！

真的有其他事的話，我會直接表明並婉拒邀約。如果不是真的有事情卻拒絕，之後回想起來會有疙瘩，所以我決定只出席主要餐會，不參加續攤。另外，決定好三次的邀約至少參加一次，有突然的邀約時也比較容易拒絕。

栗子

「身體不太舒服，因為不能影響到明天上班的狀態，這次我可以不參加嗎？」或是「這個月受手頭比較緊，請讓我婉拒這次的邀約。下次一定會參加的」，我會這樣委婉地拒絕對方。

Makki

態度開朗地表示「有事不能參加」反而能順利拒絕

不擅長面對大場面的高敏人不在少數。出席餐會時，會場的嘈雜聲、同桌的人盤子裡的食物已經空了、有人在強顏歡笑等，一口氣接收到與平時不同的大量資訊，會導致刺激過多而感到疲憊。

想要拒絕聚餐邀約時，首先需要要意識到「態度開朗地拒絕」。像是以「那天有事情沒辦法參加聚會，真的非常抱歉」等說法婉拒。

雖然有些人會擔心「是不是拒絕了邀約，同事就會有『這個人不想跟我們打交道』的想法」，因此態度開朗地拒絕便是重點了。「我真的不擅長參加大型的聚餐」，「我只要喝了酒，通常隔天會身體不舒服，但只要去了就會想喝酒」等，讓職場上的人明白自己不是討厭他們，只是不擅長參加聚餐而已。

推薦大家可以制定自我規則，例如：只參加曾照顧過自己的同事的歡送會、三次的邀約至少參加一次。

遇到不得不參加的情形時，嘗試看看「放鬆地坐著」度過時間吧。要是過度顧慮「必須表現出樂在其中的樣子，所以需要比平常反應更大，誇張地做出回應」，「擔心坐在角落座位的同事是否能取得餐點」等，會更加感到精疲力盡。

確保自己坐在角落座位，或是坐在自己可以安心的人身旁，接下來只需要放鬆地坐著。以「原來是這樣呀～」等回應聆聽對方的話，遇到感興趣的事情時，也可以提出問題。沒有話題時，不妨可以詢問「最近工作都在處理些什麼？」利用這些方式放鬆心情，就能安然度過聚餐時間。

POINT

參加時當個傾聽者，就能放鬆地坐著度過聚餐時間

21

工作時總是精神緊繃，每天都感到精疲力盡該怎麼辦

「這個做完，接著下一個！」在職場總是精神緊繃，回到家時往往已經累壞。其中也有「明明是能夠準時回家的工作，卻每天精疲力盡」的例子。不妨實踐看看能讓自己在忙碌的狀況下也能舒緩緊張，並轉換心情的祕訣。

宣告「今天打烊了」，讓緊繃的心情能切換到休息模式

快到規定的下班時間，開始感覺疲倦時，就向周圍宣告「我今天沒辦法再做了!」、「今天打烊了!」此時我會花5～20分鐘左右整理桌面，或是拿出點心開始享用。試著做這類不用動腦的事情，可以讓心情平靜下來，舒緩緊張。雖然不是無法休息的職場環境，但基本上到下班時間前還是會繃緊神經，所以這樣的宣告等於允許自己能夠休息。（高田）

就算沒事情也會去散步，順便透透氣

平常就算沒什麼事情也會繞到郵局或是便利商店，當成散步也順便透透氣，藉此稍微放鬆。可以在物理上稍微和公司拉開距離，而且可以看到不同的景象或人，對我來說是轉換心情的好方法。（aya）

認真挑選飲料，或是去別的樓層上廁所

我在很安靜且氣氛緊張的職場工作，平常也很難找到時間休息，所以我會為了慰勞自己，在挑選飲料時多用心，或是去別的樓層上廁所，在照鏡子時也會順便好好誇獎自己。（Sakura）

除此之外，還有這些方法！

我會在上廁所的時候按壓頭部穴道，讓自己放鬆。 繡球花	午休時我會出去外面，走到安靜的神社，或去自己常去的餐廳，享用午餐或喝杯美味的咖啡舒緩一下壓力。 RikaRinko!	休息時間我一定會獨處，確保可以有聽音樂以及看書的時間。 雪月花

感到疲累的不是身體，而是頭腦。對自己下達「可以休息」的許可吧

在職場整天精神緊繃，回到家時往往已經精疲力盡。詢問高敏人時，他們會說在職場總是「這個工作做完馬上接下一個！」連喘口氣的機會都沒有。其中也有人在忙碌的職場連上廁所都不太敢去，雖然午後有短暫的休息時間，休息時也感到過意不去，馬上就回到工作崗位上。像這樣「平常只有利用午休時間休息，其他時間頭腦一直都是全速運轉」的狀況，難免會累壞自己。

像這樣的高敏人，其實**頭腦比身體更加疲累**。一直維持著緊張狀態才會精疲力盡。首先要**對自己下達許可，告訴自己「多休息一下也沒關係的」**。心情平靜下來看看周圍，會發現大家並不是每分每秒都在拚命工作。有些人會和同事聊聊天，有些則是望著電腦發呆。除了午休以外，大家還是會保留一些喘息的時間。

不用讓頭腦一直運轉，做到一半卡住就休息，或是一項工作告一段落時就休息……像這樣試著盡量讓自己不時有休息時間。

休息時最重要的是**「不要用頭腦思考」**。要是邊休息邊想著工作，或是一直盯著網路新聞的話，頭腦就無法休息，也無法脫離緊張的狀態。

去別的樓層上廁所，順便在大樓內散散步，或是品嚐好喝的飲料，眺望著景色發呆等，試著找時間像這樣動動身體，或是用五感去感受周遭的事物。要是在意身旁人的眼光的話，就試著整理桌面，或是把不要的文件拿去碎紙機處理，在工作中加入一些不需要動腦的單純作業，緊張也能慢慢得到舒緩。

適時消除緊張，一整天下來的疲累也會減輕不少。

POINT

做一些不用動腦的單純作業來消除緊張情緒

高敏人的困境從何而來？

高敏人之中有些人認為活著很辛苦，但也有人並非如此，每天仍充滿朝氣。若是抱持著活得很辛苦的想法，這樣的念頭到底是從何而來的？從過往與許多高敏人諮商的經驗當中，我認為這種想法，是和下列三個因素有關。

首先第一個因素，在於**高敏人是少數派**。

雖然說平均每五個人就有一個人是高敏人，但從社會整體來看他們還是屬於少數派。從工作方式到咖啡廳背景音樂的音量大小等環境相關因素，他們一直是配合著多數派的感覺（對多數派來說沒有問題）進行調整，因此對感覺很敏銳的高敏人們來說，其實經常會有生活不舒適，或是很難工作的感受。這有點類似右撇子和左撇子的問題，雖然沒有惡意，但平常以右撇子使用者的前提去設計的商品或配置就是比較多。整個社會的構造總是比較容易傾向去配合多數派使用者的習慣。

此外，高敏人因為和旁人感覺不同，有時會被加諸「你太在意了」、「你想太多了」之類不恰當的想法，進而讓他們也會否定自己，認為「太過在意是自己的問題」。

他們並非因為「是高敏人」才會感受到這樣的痛苦，而是因為身為「少數派」的緣故。

第二個因素是**成長環境的影響**。雖然ＨＳＰ是與生俱來的性格，但對於察覺到事情時會出現「沒關係」，或者是「過度擔心而感到不安」的反應會受到成長環境的影響。

如果在缺乏安全感的家庭長大，或是曾經有受到霸凌的經驗，也容易發生否定自己的狀況。此外，就算不是身處在受虐的環境，也有可能因為感覺上的差異，在成長過程中會一直被說成「神經質」或是「任性」，或是發生說法不被旁人所理解、接受的情形。在這樣環境下長大的話，高敏人無法認為「做自己就好」，進而覺得活得很辛苦。

第三個因素則是**社會的狀況**。在許多人高喊著自我責任論，雇用環境又無法穩定的狀況下，漸漸轉變成每個人都「得靠自己的力量撐下來才行」，如此缺乏彈性的社會。

這樣的大環境下，雖然高敏人或是非高敏人都容易感到壓力，但高敏人因為感受力比其他人都強，所以相對來說接收到的壓力也比其他人更多。

有些人會說「最近的年輕人都太敏感了」，但也有許多50幾歲或60幾歲的人前來我這裡接受諮詢。敏感的人雖然從以前就存在，但因為社會環境變得嚴苛，所以為了工作或人際關係而煩惱的人漸漸增加，因此發現自己是HSP的人也愈來愈多。我認為社會扭曲的狀況，也反映在年輕人或兒童、高敏人身上，造成他們會有活得很痛苦的想法。

1. 身為少數派　2. 成長環境　3. 社會的狀況，這三個因素也會彼此影響。雇用環境不穩定，社會福利制度又出現明顯破綻，大環境若變成「想要生存只能靠自己的社會」，只想追求快樂或是做事仔細反而會被視為沒有效率，父母親也往往會要求孩子去分辨「什麼才是該做的、什麼才是比較好的事」。纖細的孩子很容易敏感地察覺到父母親的價值觀為何，因此就會想著「為了要被愛、被認同，我一定要做到〇〇才行」，進而逼迫自己。

此外，要是精神上沒有餘力，也就很難去尊重和別人的差異。像是「能放心表現自己」這樣的自我肯定感，以目前的社會狀況很容易被妨礙而無法形成。

這並不是指控「是社會的錯」、「是家庭的錯」就能夠解決的問題。既然每個人也都是創造這個社會的一分子，就無法將自己與社會完全切割。畢竟「這個社會有點奇怪，同時社會的價值觀也深植在自己的心中」。

珍惜自己真實的心情、試著要活出自我的這條路途上，總會迎來那一刻，需要正視內心所存在的社會價值觀。我希望今後的社會，能有愈來愈多人認真思考自己的幸福為何、珍惜內心的真實感受，「我可以做自己，你也只需要做你自己」，如此尊重彼此的想法或感受差異。

第 3 章

解決日常煩惱的必修心法

這邊漏掉了，下次要小心喔
啊！好的!!很抱歉!!
為什麼只是被提醒一下就這麼沮喪？
寫筆記
·發生的事
·自己的心情
·身體狀況
·天氣
啊，這跟之前的模式一樣啊
生理期前＆忙碌
選一項恢復活力的方法
·喝茶
·瑜伽
·睡覺
·搞笑影片
·與朋友聊天
喝杯茶就來睡吧～

22

明明只是小事情，卻因此感到非常沮喪

明明自己也明白起因只是一些小事，卻好幾天都一直陷在沮喪的情緒中。身旁的人總是訝異「有需要沮喪成這樣嗎……？」自己也不知該如何是好。心情沮喪的時候，該如何重新讓自己振作起來呢？

用筆記本寫下來，並且理解自己的心情

現在還是會有因為想像力太過豐富，而讓自己感到不安或沮喪。這時候，我會試著在筆記本上將我的想法完完整整地寫下來。有些時候只要這樣做，就能稍微釐清自己到底為了什麼不安或感到生氣。（naosu）

只要和身旁的人對話就能得到救贖

和完全不知道情況的人聊些無關緊要的事，或是試著和好聊的人稍微提起。只要像這樣和身旁的人聊聊，也許就能得到救贖。之後回到家，關在安靜且將燈光調暗的房間裡發呆，或是閱讀書籍、抱抱玩偶。還是忍不住想流淚時，我會大哭一場讓眼淚流得一乾二淨。（Maririn）

為了自己準備稍微奢侈的時光

回家路上買些蛋糕之類稍微奢侈的東西，因為要儘早享用而早點洗澡……試著做些準備來享受自己期待的事物。我會花心思，做些平常不會做的事情，為自己打造稍微奢侈的時光。（銀河）

除此之外，還有這些方法！

想想今天發生的事（不久之前的回憶也可以），將發生過的好事或是開心的事當作護身符，讓自己的心情能夠順利切換。

Toretan

想哭的時候就盡情大哭，深切感受痛苦的情緒。這樣的話，比努力不讓自己感到沮喪更能發洩情緒，也能盡快重新振作。

nitaka

沮喪的時候我會不管三七二十一，先睡再說！雖然也會有東想西想而無法入眠的時候，但睡了一覺之後心情就會平穩許多。

chicchi

用筆記本記錄下來，找出沮喪和復原的模式

因為小事情而嚴重沮喪好幾天，自己也不知道該如何是好。針對這種沮喪情緒，以兩階段來思考怎麼處理吧。

1. 找出模式並處理

心情會陷入沮喪通常都有某種模式存在。**首先試著記錄當自己陷入沮喪時的情況（身體狀況、天氣以及工作狀況等）吧。**這樣的話就能看出「接近工作交期時，工作外的私人時間也容易感到不安」或是「接近生理期時，就算只是一點小事也容易感到沮喪」等自己情緒的模式。

每當感到沮喪時，就來回顧這些紀錄吧。**如果能了解「這是常會發生的模式」，就能以客觀的角度檢視自己的狀況，心情也會跟著比較穩定。**

喝點熱茶，散散步，或是試著把一直在意的地方整理一下，在有精神的時候先把這

種「屬於自己的復原方法」筆記下來，就不會被沮喪的情緒吞噬，能夠好好地處理。

關於復原方法，在問卷中也有人提到以下的例子。

・在清晨或晚上散步時，腦中會浮現各種煩惱，也更容易浮現解決的靈感。可以感覺到一種類似排毒的效果。清新的空氣和人群稀少也可以避免自己接收到太多刺激，讓心情更加放鬆。（H2O）

・走在前往公司的通勤路上時，我會想像自己是走在非常喜歡的夏威夷海岸附近，想些不一樣的事情。（Yooyo）

・我會試著請身旁的人聽我訴說。分別跟能理解高敏人心情的對象，以及無法理解的人訴說之後，會變得能夠比較客觀且正向地面對問題。（ui）

2. 為了能夠一開始就不要沮喪

在第1項說明了感到沮喪之後的處理方式，但是大家應該都希望打從一開始就不會感到那麼沮喪會更好。

因為小小的原因就讓自己深陷沮喪情緒時，請試著回想「是不是平常生活中就已經忍耐了很多？」

將覺得討厭、痛苦這類的真心話硬是藏在心裡，持續勉強自己的話，就會像裝滿的水杯，再多加上任何一滴都會溢出一樣，小小的事情也會成為導火線讓自己的心情一口氣盪到谷底，或是造成生理期之前情緒無法受到控制等狀況。

覺得討厭、痛苦，其實都是很重要的真心話。覺得「累了」的話，不要想著「這樣就在喊累」壓抑住感受，而是該選擇休息。覺得「好討厭」的時候，就試著適度保持距離。記得要重視自己的真心話，好好體貼一下自己喔。

此外，高敏人當中有些是從小負面情緒就不被接納，只能把「討厭」或「痛苦」等情緒整個封印起來，所以自己也變得無法感受到這些心情。（※詳情請參閱本人的拙作《高敏人活出自我》，清流出版，書名暫譯）

如果不知道自己的真心話是什麼，請觀察看看身體的狀況吧。在第49頁也曾經提到過，心靈和身體是相連的，所以身體會是解讀心靈的最佳線索。腸胃不適，或是皮膚狀況一直很糟……當身體出現如此的變化時，試著回想看看「是否其實壓力太大了」、「我的身體是否出現了抵抗的反應？」

要是身體出現症狀，就把工作或家事的步調放慢，或是減少為其他人而做的事，確保屬於自己的時間等，請先試著慰勞自己吧。在慰勞自己時，也許就能發現「果然我真的累了」、「那件事原來會讓我覺得壓力這麼大啊」等原因喔。

如果能從平時就重視自己的真實心情，深陷沮喪情緒的情形也會跟著減少。

另外，心情極度沮喪這件事，有時可能和過去的創傷有所關連，要是感到痛苦請記得要請教諮詢師等專門人士的意見。

POINT

重視討厭、累了……等自己的真心話，獲得適度的休息吧

23

對自己缺乏自信

曾有人找我諮詢過「對自己缺乏自信」相關的事情。無論工作或是家事都可以順利完成，但就是無法產生自信，或是為了擁有自信進而嘗試了各種方法。如果長年仍為此感到疲憊，或許是努力的方向錯了也不一定。自信究竟是什麼，一起來思考看看吧。

花時間在喜歡的事物上

當我感到沒有自信時，通常是「沒有充分照顧好自己的時候」。疲累或是過於將精力運用在他人身上時，自我重心就會產生動搖，自信也會隨之消失。能憑主見做出選擇可以產生自信，因此我會調整狀態，讓自己做好選擇的準備。例如，深呼吸或是品嚐喜歡的茶飲。乍看之下似乎沒有什麼意義，但將時間花費在喜歡的事物，能讓我有逐漸調整好狀態的感覺。（高敏女孩）

將自己被稱讚、感謝過的事情收藏進內心的存錢筒中

將被稱讚過，還有被感謝過的事情好好地收藏進內心的存錢筒後，自我肯定感也會漸漸增加，自信也會隨之產生。總而言之，我認為累積成功經驗是非常重要的事情。（Toretan）

做些打從心底感到快樂的事情

因為總是想著要克服不拿手的事，或過度意識做不到的事，所以做些喜歡或是打從心底感到快樂的事情，只要確保有這樣的時間，心情也會變得比較正面。只要決定固定的時間，養成習慣就行了。我目前正在努力實踐中，像是刺繡、閱讀、芭蕾、慢跑之類的。（溫馨熊熊）

除此之外，還有這些方法！

雖然也曾因為自己的敏感而感到困擾、喪失自信。但在明白自己是高敏人之後，就能坦然接受了。

川口

若有當眾發言等狀況，我會在事後積極調查意見或感想。原先自認表現得不好，卻意外得到好評，也因此變得更有自信。

蘋果

透過整理房間，慢慢減少不必要的東西，進而能判斷事物的優先順序，也變得能享受工作與玩樂，最後也因此產生了自信。

Shell

找回「做自己就好」的安心感

「自信」究竟是什麼，假設將自信分為「自我肯定感」與「自我效能感」兩項來看的話，似乎就能理解了。

自我肯定感是「做自己就好」，認同自己的感覺。無論是優點或缺點，全都認為是自己的一部分，並給予肯定，認同自己的生存價值，會帶來生活的安心感。

另一方面，**「自我效能感」則是「我有可以實現○○的能力」**。「我對於英文非常有自信」之類，對於特定的事物擁有的自信。

當前來諮商的人說「對自己缺乏自信」，大多數是指缺乏自我肯定感的部分。

當想著「必須得到周遭的認同」，進而取得相關證照或是在工作上做出一番成績時，自我效能感確實增加了，但自我肯定感卻很難一同恢復。其實真正想要的是「與能力無關，而是認同自己的生存價值」的安心感而已。無論累積多少「達成的事」，只要無法認同「自己就算失敗或有做不到的事也沒關係」，接受真正的自己，就會無法感到安心。

此外，自我肯定感必須具備對自身「出於真心的感受」的肯定感，但其實這是人生來就擁有的能力。就像小嬰兒肚子餓了會哭泣，**人在剛出生時，都是衷於自己實際的感受，不會對其他人有所顧慮**。

由於高敏人與旁人經常有感受上的落差，所以會產生「我的感受是不是異於常人」、「是不是自己有問題」這類自我懷疑的狀況。如果無法相信自己的感覺，也會失去判斷的標準。會變得無法釐清自己喜歡什麼、討厭什麼，導致「其他人的想法」變成自己的標準。

因為無法認同自己，所以就只能從獲得他人肯定來產生安心感，會因為在意他人對自己的評價而受到影響。例如，就算感到疲累也會埋頭努力，沒有常常受到稱讚就會感到不安。有時也會「工作順利時，自己的情況就非常好；不過若稍有不順遂，心情就會邋到谷底」心情反覆發生如此激烈的變化。

那麼，為了找回自我肯定感——「做自己就好」的安心感——究竟有些什麼方法？

為此，**先將注意力放在自己的「內心與身體」上**。具體如下：

1. 思考重心不要放在「必須做」，而是好好重視自己「想要這樣做」的心聲

・散步、繪畫、寫部落格甚至是睡午覺，只要有「想要做的事情」，無論多麼瑣碎，想做就行動，若是不想做的也不勉強自己。

・不要拘泥於生產性、效率、成果這些事上，好好感受像是「被微風吹拂好舒服」、「飯好好吃」這些能單純感到快樂的事情也非常重要。

2. 感受身體的狀況，療癒自己

・感到疲累的時候，不要想著「居然這樣就喊累」鞭策自己，而是稍作休息或是早點上床睡覺，讓自己好好休息。

3. 接受自己真實的感受

・當湧出悲傷或是憤怒的情緒時，不要因此而「這種程度就沮喪」、「自己真是心胸狹隘」般否定自己，而是用「好討厭啊」、「真讓人難過」的方式接受。

・將自己的感受向信賴的人抒發，也非常推薦寫日記。

只要著眼與內心與身體，重視自己內心的真實感受，就能漸漸找回「做自己就好」的感覺。

重視自己內心與身體的狀況，是能將焦點從他人身上轉回到「自己」的機制。從想靠著達成什麼事而獲得關愛，這種「得到別人給予的愛」的狀態，開始轉變成學會愛自己的狀態。

POINT

把目光放在「內心與身體」
實現自己內心的感受吧！

24

要如何面對自己不喜歡的人？

就算想著「其實這個人本質上一定不是壞人」、「想辦法找到這個人的優點好了」，但因為無法喜歡上對方的舉止，連交談都成了一種折磨。和不喜歡的人相處時，要如何才能比較輕鬆？

將工作劃分清楚，減少往來

曾經因為要與說話方式及態度都令人感到難受的上司組成兩人小組，而感到非常辛苦。但因為業務內容重疊也必須更常往來，於是提出「這個部分我來負責，可以麻煩您負責剩下的部分嗎?」像這樣把工作劃分負責範圍後，得以減少往來的機會。只要不影響工作，抱持著「就算不喜歡也沒關係」、「因為是這樣子的人所以也沒辦法」的想法便能讓心情變得輕鬆。（中井）

不要一味配合對方，保持距離

我會盡量地和不喜歡的人保持距離。在閒聊時如果總是配合對方，說對方想聽的話，會因此容易被搭話，所以我只會給最低程度的回應。但因為太過痛苦，所以和上司商量後轉調其他部門了。（Hoyoyo）

找出對方的習慣以及重視的地方

只要找出對方的習慣以及重視的地方並配合，工作能變得比較順利。如果不清楚的話，直接向對方詢問「因為我想讓合作更順利，請問您有比較重視的地方，或是一定希望我遵守的事情嗎?」通常這樣不會觸怒對方，可以盡量主動詢問對方的想法。（清水）

除此之外，還有這些方法！

後來發現不喜歡的原因是缺乏交流，增加與對方說話的次數後，不喜歡的感覺減少，情況也改善了。

Ma

向不喜歡的人搭話時，發現對話內容多半都沒有交集，所以我改成等對方自己開口。單純一問一答就不會想太多，感覺難度也降低不少。

Chicchi

將彼此的牽扯降到最低，但工作上必須的交流（尤其是打招呼）要確實做到。

Miho

接受「討厭」的感受
與對方在心靈上保持距離

高敏人因為善良，同理心也相對強烈，往往比一般人加倍期望與周圍的人建立良好關係。像是「必須和職場同事保持良好關係」、「不管是誰都會有優點，必須找出優點喜歡對方」之類，想著「不能討厭對方」，反而會無法意識到自己不願意的心情，勉強自己去接近不喜歡的人。

首先，**請允許自己擁有「就算討厭對方也沒關係」的想法**。因為世界上有各式各樣的人，自然會有自己無法喜歡，或是合不來的人。別想著要喜歡上所有人，不妨維持著原本「不喜歡」、「好討厭」等想法，與對方在心靈上保持適當的距離。以物理上來說，**維持會好好與對方打招呼，但絕對不會主動向對方搭話這樣的距離感**。要努力喜歡上對方的想法反而會引起過敏反應，但只要保持心靈上的距離就能放鬆不少，並且能用「唉，算了」、「雖然這個地方很討厭，但他也有厲害的地方」這樣的觀點冷靜地看待對方。

此外，試著整理出自己的期望為何吧，像是希望對方能給予「自在舒服的對應」，有可能就會意識到自己提出的要求並不容易。首先「就算不支持我的企劃，只要願意幫我審核蓋章就好」等，先設定實際的具體目標，再加以達成。

接著，**自己的反應由自己掌握主導權吧！**被親切對待便欣喜地產生「或許是個好人」這種想法的話，反而會事與願違，容易想配合對方的期待而被牽著鼻子走。**「無論對方怎麼想的，按照自己所想行動，得到親切對待便好好道謝，對不喜歡的事情直接說出不喜歡」，保持這種堅決的態度就不容易被對方牽著鼻子走。**

POINT

配合對方的反應容易被牽著鼻子走，建議保持「得到親切對待便好好道謝」的態度

25

社群網路要如何保持距離感？

社群網路是能找到與自己意氣相投朋友的有利工具。自己發出的貼文受到迴響時也會感到開心。相反地，也會因接收過多的資訊量而感到疲累。不希望受到社群軟體過度影響時，該怎麼辦才好？

只追蹤喜歡的帳號
只按「讚」就不會有過多的交流

因為有討厭的感覺，也發生過討厭的事，所以我鼓起勇氣離開了社群。現在如果有人留言給我，即使感到很開心，我也只會按讚回應，這樣就不需要頻繁地交流，也可以保有一定的距離。我現在只追蹤喜歡的動物或人物等的帳號而已。（亞子）

刪除主畫面的小圖示讓自己休息

因為工作性質的關係，所以必須使用目前主流的社群網路。因為注意力都放在這些東西上，所以就算不願意也會受到影響。雖然很開心自己的貼文得到讚，但因為太過意識這點，反而會感到疲累。在那種時候我會使用手機（Android）的功能，從主畫面上刪除社群網路的程式圖示。（橫山）

就算退出社群也不會被討厭

因為光是看貼文動態就對精神上帶來負擔，所以我直接退出社群了。雖然有因為這樣被關心過，但也發現並不會因為這樣就被討厭，讓我鬆了一口氣。與我有相同感覺的人其實也不在少數，才知道其實大家也會感到疲累。（電風扇）

除此之外，還有這些方法！

最近實行數位斷食法。效果非常好，真心推薦給高敏人。

Y

目前正在使用Twitter及Instagram。當出現不想看的資訊，或是無法保持心情穩定時，我就會立刻關閉程式。

川口

我制訂了無社群網路日，把所有的通知關掉，就算有新訊息也一律無視。嘗試多次後就發現到，會透過社群網路聯絡的訊息都沒有緊迫性，心情便放鬆了不少。

千秋

只和真正想聯繫的人保持聯繫

社群網路能將在與人實際面對面時說不出口，內心深處的想法傳遞出去，在廣闊的世界裡找到同伴，這對於高敏人來說是非常方便的工具。加上高敏人在平時接收的資訊量就多，可以透過部落格或是Twitter等來抒發心情也是一項優點。

另一方面，因為社群網路有著大量陌生人的訊息往來，使用過度也會接收到過量的資訊。閱讀大量的資訊會使頭腦的運轉停不下來，所以不能一味地照單全收，而是要**「過濾想看的內容」**、**「決定使用社群網路的時間」**等，必須好好掌握控制權。具體來說可以這麼做：

- **只與想閱讀其所有貼文的人，或是穩重的人互動**
- **不在社群網路首頁停留過久，發文時在自己的個人頁面上執行。（在社群網站首頁停留的話，會有新訊息不停更新）**
- **關閉所有通知**

・朋友的貼文不要全部閱讀，而是見面時直接詢問近況

・定期設定「無社群網路日」

以上都是可以參考的方法。順道一提，我目前使用最頻繁的社群網路為Twitter，但我將全員訊息設為靜音，當想到「〇〇最近過得如何？」才會主動搜尋對方的帳號，閱讀其貼文。部落格也同樣不從應用程式的主畫面閱讀，而是透過保存在網頁瀏覽器的書籤直接閱讀。只要保持「決定好想看的內容」的做法，接收到的資訊就會大量減少。

設定好「無社群網路日」，就能發現到平時頭腦總是轉個不停，而就算不閱讀社群網路的貼文也不會造成問題。下點工夫，找出讓自己能樂在其中的使用範圍吧！

POINT

用數位排毒法
設定讓心情恢復平穩的日子

26

看到事故或案件的報導就會心情低落

曾聽過有些人會因為電視或網路上報導的重大事故或案件而受到驚嚇，還會想像當事人的心情，導致持續心情低落好幾天。不妨試著與新聞報導保持距離，或是下點工夫保持心情平穩。

思考深入了解內容對自己是否有益

就算對新聞抱有興趣，但了解到一定程度即可。若受到負面的事故或案件報導影響，會讓自己的心情也蒙上一層灰，深陷其中無法自拔。如果認為深入了解新聞內容對自己有益，當然可以閱讀相關報導，但必須思考其必要性。（Koko）

只閱讀新聞標題就好

我不看電視新聞。尤其是在體力不佳時更容易受到影響而感到痛苦。我只看實體報紙而非電視新聞或網路新聞。大致快速地掃過報紙的標題也可以大概地掌握世界發生什麼事。真的不想閱讀時也會完全不看。（Yukio）

和寵物貓說說話
就能轉換心情

要是受到新聞影響而心情低落時，我會對飼養的貓咪說，世界上發生了這樣的事情，好痛苦、好難過之類的訴說心情。因為貓咪很可愛，漸漸地就會轉移注意，讓心情變好。（青）

除此之外，還有這些方法！

我會馬上與朋友或家人聊新聞的內容，在聊天時會發現也有其他觀點，可以從其他角度來理解報導。

白熊

我會看其他新聞，雖然會感到心痛，但會提醒自己那是別人的事情。

Natsu.

我只看字幕。

夏美

因為新聞報導而感到痛苦時，停止繼續接收相關資訊

高敏人的鏡像神經元比起非高敏人更加活躍，會對其他人的痛苦產生敏銳的反應，甚至會因為新聞報導的內容感受到痛苦而心情低落。

因為新聞報導的事故或案件感到痛苦時，不妨重新改變接收資訊的方式，避免讓自己不經意地看見新聞的內容。不少高敏人是採取「家裡不裝電視」的方法，這也是一種對策。

接收日常資訊時，比起煽動情緒的電視節目或是網路新聞，**更建議選擇廣播或是報紙等相較安靜的媒體**。比起同時接收影像及聲音的電視，廣播不需要接收視覺訊息，還會以沉穩的聲音播報，刺激性大幅降低。比起網路文章，報紙基本上是黑白的，也比較沒有煽動情緒的內容。看電視時設成靜音模式只看字幕也是不錯的方法。

當重大災害或是事故發生時，報導會集中在相關的內容。但不需要過度抱著「一定要掌握情況」的想法，感到痛苦時就遠離相關資訊。**不接收資訊並不等於無情，不妨等**

到內心平靜下來後再給予支持也可以。

非常在意情況，或是想知道相關對策時，建議瀏覽相關支援團體的官方網站，網站也會有「負責煮伙食」、「舉辦啟發活動」之類的支援資訊，比起只掌握情況，能感到更踏實。也能透過捐款等適合自己的方式提供支援。

POINT

瀏覽支援團體的官方網站，
透過捐款等適合自己的方式
提供支援

27

對空調溫度、聲音、光線感到在意時，應該怎麼辦才好？

會因為咖啡廳、辦公室甚至是自宅的聲音與光線感到刺激，無法冷靜下來。這種時候大家是怎麼解決的？在此集結了大家為了舒緩狀況想出的各種方法。

隨身攜帶墨鏡或耳塞，就算用不到，帶在身上也能感到安心

隨身攜帶墨鏡及耳塞之類的東西，對環境感到在意時可用來自我保護。即使沒用到，只要想到緊急情況時有東西可保護自己，就能感到安心不少。（繡球花）

開日光燈會感到不舒服，所以將家中改為間接照明

我對於白光的日光燈光線會感到不舒服，會有「必須要工作」的感覺。所以在家的時候會利用間接照明讓氣氛輕鬆一點。因為從事設計相關的副業，在必須確認成品顏色時會切換成日光燈，使用完就會立刻切換回間接照明。（橫山）

因為在意周圍的聲音，和上司商量後開始戴耳塞

由於十分在意職場環境的各種聲音，得到上司同意後，有一段時期我都戴著耳塞。但應該是因為我的業務性質不會被耳塞影響才得到許可。還有在自己房間使用遮光窗簾等，穿睡衣感到緊繃不適無法入睡時，也會直接脫光睡覺。（青）

除此之外，還有這些方法！

我是在睡覺時只要稍有聲音或光線就會非常介意的體質，因此遮住有光線地方，或是關門阻絕浴室等處抽風機的聲音，從做得到的地方下手。

白熊

在自己家的話，會遮蔽令自己不愉快的東西。在外則會告知其他人「我會很介意，可以調整嗎」。如果無法調整，就會立即移動到其他地方。

kumi

我會盡可能調整住家的溫度、燈光、聲音等，打造能平靜下來的環境。例如非常介意左側擺的東西，就盡量把東西往右側放。

遙

重視自己的感覺，創造能感到舒適自在的環境

高敏人容易因為聲音、光線等周圍環境而受到刺激。

不要責怪自己「不過這點小事也在意」，從做得到的範圍一點一點地創造能感到舒適自在的環境。以下介紹大家都用了什麼樣的方法。

■聲音

・隨身攜帶有抗噪功能的耳機，會視情況使用。（花丸）

・播放喜歡的音樂，用聲音壓制聲音非常有效。注意力能放在喜歡的音樂或是歌曲上，討厭的聲音就會變得比較無所謂了。（Ayumi no Ayumi）

・聽到不喜歡的聲音時，我會聽些溫和的音樂。（春）

・小學時我非常討厭營養午餐鋁製餐盤和湯匙摩擦發出的聲音，為此拜託父母更換成木製湯匙。（川口）

■光線

・疲累時對會發出藍光的智慧型手機或電腦螢幕更加敏感，所以在家時我會使用濾藍光眼鏡。（川口）

・使用可調節的燈具，隨時調節明暗。我有不同顏色的墨鏡，會因應用途使用。（Ayumi no Ayumi）

・我著重在窗簾的類型，增加厚度或是只用有遮光效果的窗簾。（佐助）

・陰天會讓我不舒服，即使是白天，只要光線不足就會開啟電燈。（Soraya）

・我不喜歡強烈的光線，所以夏天時窗簾（捲簾式）都是一直維持半開的狀態。晚上則是會儘早關閉寢室電燈，改點燭火讓室內的光線比較昏暗。（Q）

・睡覺時會用布遮蔽在意的光線，或是鑽進被窩裡。（M・N）

■溫度

・雖然次數頻繁，但透過開關空調，能隨時調節室溫。我非常怕冷所以總是隨身攜帶著小毛毯。（Lakshy）

・我會確認空調出風口在哪，坐在風無法直接吹到自己的位置。（花丸）

・隨身攜帶絲巾或是毛巾。（夏美）

■氣味

・戴口罩減少刺激。（傲嬌貓）

・依照每天的狀況使用香氛。在公司的話會使用香氛噴霧、護手霜之類的東西讓自己感到舒適自在。（Maru）

・我會隨身攜帶有柔軟精香味的手帕。（麻糬）

・我無法接受餐具清洗後，沒有完全晾乾時散發出的腥臭味。清洗東西一定會使用熱水，清洗後立刻擦拭掉水分，並保持通風讓東西徹底乾燥。也會在每個房間裡放置除臭劑。（英理）

睡眠不足也會導致在意平時沒注意到的聲音及光線，應該從平時就注重身體健康。雖然擁有容易受環境刺激的體質非常辛苦，但是只要運用得當，這些都能成轉化成自己的力量。

・意志消沉時，聆聽些古典音樂讓自己放鬆

・到美好的環境，沉浸其中讓全身吸收正能量

・夜晚使用蠟燭的光線，讓自己放鬆

・穿著材質舒適的衣服能感到愉快

能夠透過上述這些藉由環境所帶來的影響來重整心情。重視自己的感覺，試著追求能感到舒適自在的環境吧。

POINT

也能藉環境的力量，好好整頓自己的身心

「纖細」與「神經質」的差異

如果纖細是一種個人特質，有些人便會產生「那這問題是不是就沒辦法解決了」的想法，但並非如此。目前的環境與自己合不來、比起自己更顧慮對方、親子關係帶來的自我否定感等，也經常會產生與纖細特質無關的問題。

此外，也有並非因為「纖細特質」而是因為「神經質」導致身心疲憊的狀況。兩者容易被混為一談，但是**纖細特質（HSP特質）與神經質是完全不同的**。無論是否為高敏人，都會出現神經質的狀況。

工作也好，家事也罷，突然理解到「這樣做會更好」，或是察覺到對方的情緒，這些對高敏人來說都是非常自然的。但如果是「擔心做錯的不安感，導致不停重複確認文件」、「會擔心對方心情不好是自己造成的」等，基於強烈不安感所引起的這類狀態，多半是神經質在作祟。依蓮・艾倫博士的著作《孩子，你的敏感我都懂》中，提到「膽小、神經質、焦慮及容易心情低落的性格，並非是來自於先天遺傳的HSP，而是後天導致的」。

神經質的狀態並非個人特質，是為了從不安中保護自己而產生的機制。在無法獲得安心感的環境（家庭或學校）下成長的話，會開始否定自我或是覺得沒有人能保護自己，必須想辦法保護自己。「是不是出點錯就會受到責罵」、「是不是會發生什麼不好的事情」等，對周圍環境及對方情緒過度敏感，開始處處提防，這就是神經質在作祟。這無關本人是對或錯，而是在這樣辛苦的環境下成長所帶來的結果。

如果對日常生活感到疲憊，人際關係上總是產生的同樣問題的話，不要孤軍奮鬥，試著尋求專家的協助。雖然回想起過去會十分困難且伴隨著痛苦，但還是需要從根本上解決問題，當造成不安的因素減少，才能過得更有朝氣。

第 4 章

活用「高敏人」優點的智慧小錦囊

注意到細微的錯誤……
這裡好像做錯了
真的耶。謝謝妳
對季節變化敏感的我
花朵開始綻放了
因他人的貼心而感動……
工作辛苦了！
感冒好點了嗎？
請收下餅乾
是○○……
雖然發生很多事但今天也很幸福！
好～
繼續加油～

28

這些時候正好可以發揮纖細特質（工作篇）

擅長注意細節，會思考到其他人沒放在心上的地方，這份特質若能在工作上發揮正面效果該有多好。我們將高敏人特有的能力分成五個項目來解說。大家是怎麼發揮自己的纖細特質？一起來看看具體的例子吧。

確認工作用的資料，就能找出對方想忽略或敷衍的地方

我的工作是製造商與使用者之間的溝通窗口。只要確認過製造商製作的書面資料，從文章的用詞就能大概知道，「這裡想要敷衍過去」、「這部分不想要明說」。我能夠理解如果這麼寫，看的人會有什麼感受。即使敷衍事實也不會改變，所以我會在將資料交給對方前先做確認，調整用字措辭避免發生爭議。（高田）

發現並關心有困難的人

我容易注意到職場上心情低落或是有困難的人，我會關心他們或是與上司商量。也能輕易看清事物的本質，所以適合擔任統整大家的提議並加以改善的工作。（中井）

獲得「很少出錯，值得信任！」的好評

我曾被稱讚做事仔細，能注意到他人不在意的地方，所以很少出錯，而且製作的資料既完整又快速，非常值得信任。雖然一般可能會覺得，就算不做到這種程度也沒關係，但因為工作內容正需要這樣的能力，我覺得這可能是我的天職。（櫻花）

除此之外，還有這些方法！

升遷到需要負責領導的職位時能夠適才適任地調派組員，並懂得在適當的時機搭話。	我將能力運用在聆聽別人的煩惱並幫助他解決。	在分析商品業績不理想的原因時，不光是對照前任負責人的營業額，還可從各種角度去比較顧客層或其他公司的商品動向。
真子	KU	Shell

將高敏人的「五種能力」轉化成工作的強大助力！

高敏人有共通的五種能力，分別為**感受的能力**、**直覺的能力**、**思考的能力**、**表現的能力與良心的能力**。雖然會有個人差異，但都是能在工作上活用的能力。讓我們一起看看大家是怎麼將能力運用在工作上吧。

■感受的能力

感受的能力是一切的起點。**在工作上發現其他人沒有注意到的地方、察知問題點，理解表情、肢體等言語以外的交流。這樣的能力可以讓他們工作起來細心、不易出錯。**

- 像是發現錯字、漏字，就算只是稍有不一致的地方也能發現。（蘋果）
- 我擅長看他人的臉色，當覺得「他是不是很難受啊？」時，會輕聲向對方搭話詢問「今天是不是很累呀～？」（Maririn）

・對聲音非常敏感，機器況狀不好時，能在真正出現故障前發現問題，被大家視作珍貴重要的能力。（杏子）

・我的副業是占卜。只要閱讀委託信的內容，就算沒寫出具體的事，也能大致了解對方目前有什麼樣的困擾。（高田）

■直覺的能力

直覺是長期累積的經驗，不須刻意思考就能瞬間理解的能力。這樣的能力可以找出問題的癥結點，或是看穿「這就是重點！」等事物本質等，是能活用在工作上的能力。

因為高敏人對所有經驗都有細膩的感受，像是「那時候是這樣的狀況・這時候應該……」所以高敏人累積了龐大的資訊量。使用直覺，即是信賴自己的經驗。

・能察覺到他人細微的心情變化，於是能理解上司或周圍人們的心情，快速掌握他人的需求。（Chiara）

・我從事餐飲服務業，可以從客人的表情判斷對方是需要服務，或是獨自一人較好。（Kiichi）

・我能注意到細節，對事務型工作來說非常有利。因為擅長找出漏洞，所以能發揮像是風險管理的效果。除了將下屬製作的資料與電腦檔案核對，自己還能夠注意到更細微的地方，真的覺得自己非常適任。（鰤魚）

■思考的能力

深入思考也是高敏人的優點之一。**即使大家都覺得理所當然而忽視的事情，高敏人也能抱持疑問，發現「這樣做會更好」而加以改善。**

高敏人在工作時會同時預想下一步還有結果，所以很少發生因錯誤重做的問題，可以防範未然。

・團體分工時，我會顧及整體，預測接下來的發展。如果有準備不足的地方，在緊急時會偷偷幫忙準備。（Yukke）

・向顧客提案的時候，被說總是能注意到細節正中紅心。我會預測顧客想要知道的內容來提案，因此顧客不會再另外提問。（yoshi）

・我發現到業務人員使用的快捷工具缺乏統一性，因此統籌了全國業務人員能夠輕易使用的快捷工具。不僅是資料庫，還製作成手冊方便檢索、統整每個月固定使用的工具、在公司網頁上設置布告欄等。（Shell）

■表現的能力

感受細微、利用直覺看清事物本質、深入思考……。**表現的能力是綜合了「感受」、「直覺」、「思考」三種能力的絕招。**在工作上能活用在設身處地思考，選擇合適的表達方法、製作簡潔明瞭的書面資料以及簡單扼要地傳達訊息等。

・寫電子郵件時，會根據收信對象調整用字遣詞或內容長度。考量如何讓對方能輕鬆理解信件內容，成就感也油然而生。（nitaka）

・我認為能將能力運用在企劃開發以及視覺設計上，擅長製作包含示意圖的資料或是新商品的提案。（yume）

■良心的能力

高敏人除了人際關係，在工作上也十分有良心。**如能好好平衡自己認同以及對他人誠實的部分，在工作上就能得心應手。**

活用共感力，許多高敏人擅長提供貼近對方感受的服務，他們會想方設法讓自己身處的環境成為令人安心的地方。

・因為總能夠理解對方的想法，不少客人會因為我的服務而感動。我似乎天生就有款待他人的能力。（Muu）

・我擔任眾人的溝通橋梁，打造公司內能更輕鬆溝通的氛圍。（清水）

・我和同事或客人即使一開始沒什麼互動，但憑著自己些許的體貼、傾聽能力與提問能力，在不知不覺中便能構築起良好的關係。（107）

・我從事高齡者看護，負責照顧失智症患者。當其他職員苦於照護失智症患者時，我能以貼近患者需求的照顧，有效地緩和失智症患者特有的症狀，受到機構使用者的信賴及喜愛。（Makki）

發揮力量的祕訣就在於放輕鬆。雖然「感受的能力」是高敏人的五項能力的起點，但在心理壓力大的情況下反而會覺得「我不應該去感受這些事」而封閉起感性，無法順利發揮能力。喝杯茶、伸展一下筋骨，試著先讓身心放鬆下來再想工作相關的事情。

POINT

找出自己的強項，好好發揮吧！

29

這些時候正好可以發揮纖細特質（私人時間篇）

私人時間終於可以做回自己，鬆一口氣好好休息。高敏人擁有深入品味日常生活的平凡細節、從中發掘微小幸福的感受性。大家在私人時間又是如何運用自己的纖細特質呢？

上傳可愛、美麗的照片或文字至社群網路，透過發文獲得療癒

把漂亮、可愛、看起來很好吃的照片或優雅的文字上傳至社群網路後，被其他人稱讚「很療癒」。另外，在Facebook等看到自己過去的發文時，也能從中獲得療癒能量。（Maririn2）

用手作享受細緻的手工、觸感、以及配色的樂趣

我會做甜點及手工藝等手作。首先在腦中想像完成圖，做手作時享受細緻的手工、觸感以及配色的樂趣。如果做出完成度很高的作品就會很開心。（綿羊）

從聲音及行動察覺孩子的異狀，並聽他分享

我可以從聲音及行動察覺孩子是否身體不適，或是情緒不安、有煩惱。這時候我便可以私下詢問孩子。（Tamu）

除此之外，還有這些方法！

我可以事先準備對方會感到開心的事。看到對方高興的笑容，自己也會覺得很幸福。

kumi

我會做甜點，覺得細心地製作以及包裝的過程都能活用纖細特質。

Q

我能夠快人一步從氣味、聲音及光線等發現「好像有哪裡不對勁」而提早察覺危險，離開現場。

Erika

細膩的感受性與豐富的表現力有關

在第170頁介紹過高敏人的五種能力，這些都是在私人時間也能活用的能力。

在這五種能力當中，我特別想強調的是表現力。**高敏人細膩的感受性，與豐富的表現力息息相關。**

天空的藍仿佛有好幾層漸層而看得入迷，書中的某一章節，與閱讀時的感觸一起留在心底，與人聊無關緊要的話題也會湧現幸福感……。

高敏人就像解析度高的相機，以細膩精準的感受力捕捉美好的事物，在心底細細品味，並會把重要之處濃縮表現出來。

不單是繪畫、製作手工藝及唱歌等藝術性的活動，寫部落格、做料理、拍攝要上傳到社群網站的照片等日常生活的行為，其實也大大活用了高敏人細膩的感受性。正因為能感受事物的細微之處，才能夠把想傳達的感受高密度地反映在作品當中。

與伴侶或朋友等親近的人的互動中，也能發揮纖細特質。

例如家人的狀況跟平常不一樣的時候，表情或聲音即便出現多小的變化，高敏人都能馬上察覺，甚至也有人表示「身體不好的人聞了就知道」。高敏人能夠從細微的變化察覺對方的心境，並守護對方。

POINT

高敏人的「感受力」在與家人或朋友的互動中也能發揮

30 發現自己是高敏人的契機是什麼？

這夠所有人吃嗎？
A喜歡的巧克力口味
剩不多了，B今天放假
沒來放他桌上好了。
我來吃餅乾好了，
螺旋的花樣好可愛喔。
這個
好好吃喔～

最近，電視節目、報章雜誌等開始報導ＨＳＰ，書店也有設置ＨＳＰ相關書籍的專門區域，ＨＳＰ逐漸為人所知。大家又是怎樣知道自己是ＨＳＰ的呢？以下是收集到的回答。

在書店偶然看到
與HSP有關的書

我有很多小小的問題，正想著為什麼只有自己這麼煩惱、逛書店的時候，偶然看到與HSP有關的書。讀了之後發現自己很有共鳴，便決定買了。（melon）

為工作感到煩惱的時候
在網路上搜尋到的

在前一個職場時，不習慣參加聚餐還有團隊合作，也對規則很多這件事情壓力很大，正煩惱要不要辭掉工作，想著「這樣的我還能繼續工作嗎」，在網路上隨意搜尋時找到了HSP的相關資訊，發現與自己的狀況相同。（中井）

朋友的兒子是HSC，
在閱讀時發現自己也是HSP

一開始是知道朋友的兒子是HSC（※），沒有想太多便買了《高敏人的職場放鬆課》，想說如果有什麼有用的資訊就告訴朋友。結果讀的過程中馬上發現「這不就是我嗎！」（繡球花）

※HSC：Highly Sensitive Child的縮寫，意指比普通人更敏感的孩子。

除此之外，還有這些方法！

從以前就懷疑自己是不是高敏人，直到看了電視節目（《世界上最想上的課》介紹HSP的那集）才確定。

青

去看身心科，醫生開了憂鬱症的藥，但我覺得自己的情況和憂鬱症不同。後來自己調查才知道有所謂的HSP。

高田

有覺得「人生好難」的高敏人，也有不這麼想的高敏人

在這邊我想解釋一下，為什麼HSP常常跟「活得很痛苦」這件事畫上等號。首先，不少人是「為某件事情煩惱，透過網路或書籍得知HSP的存在」。也就是說，煩惱是發現HSP的契機。書籍跟媒體製作內容時著重在「煩惱」這個主題，也有很多人（包含我在內）會在社群網路上表達自己現在或過去的煩惱，因此很容易會給人一種「HSP＝活得很痛苦」的偏頗印象。但是，HSP中也有人抱持反對意見。

人各有異，既有覺得「活得很痛苦」的高敏人，也有不這麼想、過著積極人生的高敏人。HSP的生活是否等於「痛苦」，不應該一概而論，兩種狀態的人都實際存在。

另外，活得輕鬆的程度，會隨著自己所處的環境（工作或人際關係）而變化。

我以這兩種類型的人都存在為前提，提供解決煩惱的方法，也希望大家能認識到身為高敏人的好處，並長年推廣相關資訊。

當有了自己是高敏人的自覺後，短期內會有感官變得特別敏銳的狀況。感受力大大

發揮，高敏人可能會覺得鳥叫聲聽得特別清楚，或是周遭事物看起來特別鮮豔等。同時，也有可能會覺得討厭的事物比平常更令人嫌惡，例如在咖啡廳，明明平常毫不在意旁人的對話，也會變得很在意。我在諮商時感受到的是，**我們只會感受到自己能夠接受的事物。接納「可以做自己就好」的觀念，便會覺得安心，並且能夠感受不同事物，感官也因此變得敏銳**。如果遇到突然變得敏銳的情況，一段時間後便會習慣這個狀態而穩定下來，所以不用過於擔心。

POINT

有了高敏人的自覺後
短期內感官可能會變得特別敏銳

31

有了身為高敏人的自覺後，煩惱也有改變嗎？

察覺自己是高敏人（HSP）後，有發生什麼變化嗎？或者沒有任何變化？以下是收集到的回答，而閱讀本書的大家又是怎麼樣呢？

能夠更溫柔地對待自己

以前一直覺得自己的纖細特質很沒用，但現在接受了「這就是我」，能夠更溫柔地對待自己。另外，以前在找工作時，總想著「就算有點勉強也要鍛鍊自己！」現在則會覺得「不勉強自己是先決條件」。像這樣接納自己以後，變得能夠堂堂正正笑著告訴別人「我很容易累」。只是依舊會很羨慕沒有纖細特質的人。（Q）

不是「有所自覺後便萬事迎刃而解」，但養成了以「不改變自己」為前提的思考模式

如果說知道自己是HSP後，煩惱是否能馬上全部解決，我得說當然不是這樣。只是，我現在覺得不用勉強自己變成「充滿活力的人」，也能夠思考「在不改變自己的前提下，要怎樣處理」，讓我深感慶幸。（中井）

接納自己後變得更容易想出解決方法

知道自己對各種事物過分在意的原因後，覺得安心許多，打從心底鬆一口氣。雖然還是會在意，但接納自己以後，變得更能直接地想出解決方法，因此更容易避免不希望的狀況發生。（繡球花）

除此之外，還有這些方法！

發現可以隨自己的感覺過生活之後，放鬆的時間變多了。

Yukio

我開始練習如何重視自己。我會抱緊自己，在心中默念「活著很好」，一天做一次。

上田攝子

覺得生活變得比較輕鬆。並非變得不怕氣味或光線等的刺激，而是知道必須與之共存。

kumi

了解自己，接受「做自己就好」

我覺得察覺自己是高敏人（HSP）後最大的好處，是**「可以做自己就好」的安心感增加了**。在此之前一直覺得「不應該太在意」、「我是不是很奇怪」的人，了解自己的個性與心理機制後，便會停止繼續責怪自己。這是非常重大的一步。

察覺自己是高敏人，對工作也會帶來很大的影響。如果想著「我不夠努力」、「我太脆弱了」，即使已經很辛苦也會繼續努力下去。但了解自己的個性後，**便可以「辛苦與夠不夠努力無關，應該是這個工作（職場）不適合自己」像這樣改變思考角度。開始思考「什麼才是能活用自身能力的工作（職場）？」往可以活用自己能力的方向改變**。

當然，應該也有覺得「就算知道自己是高敏人，煩惱還是存在」的人。光線、聲音等感官敏銳的問題，需要採取具體的應對方法；在人際關係方面，也需要試著出真心話，或採取與傷害自己的人保持距離等行動。工作方面，如果現在的職場不適合自己，便需要另尋適合的職場。

「重視包含特質在內的自己」，有時候會改變一個人的生活態度，像是放棄繼續努力配合周遭環境、決定做自己。要改變生活態度，並不容易。**如果覺得單靠自己的力量無法解決煩惱，不妨詢問諮商師、人生教練、身心科醫師等熟悉HSP之專業人員的意見。**我也不是靠隻身之力蛻變為現在的狀態，在迷茫的時候會接受指導，也會跟各式各樣的人商量。我由衷為大家加油，希望大家以察覺自己是高敏人為契機，能夠開展一段屬於自己的人生。

POINT

察覺自己是高敏人（HSP）會改變生活態度

32

要如何才能找到適合自己的工作？

高敏人要如何才能活用擁有的強項與感受性，放鬆自在地工作呢？除了介紹挑選工作時的著眼點之外，本章還訪問了覺得「現在的工作適合自己」的高敏人是如何找到現在的工作，以及找工作時的注意點。

工作與喜好一致

我的工作跟喜好有一些重疊（喜歡與老年人相處，傾聽別人的煩惱），所以做了將近十年。雖然只是剛好從地點、時間、薪水等條件中選中的公司，但工作本身很開心。（清水）

從官網的遣詞用字判斷公司風氣

我覺得不勢利、能平等對待所有人是高敏人的優點，因此選了能活用這一點的工作。去面試也會消耗體力，所以我會先在官網上瀏覽企業的方針與社長的話等，如果遣詞用字太「體育會系（重視上下關係與體力的文化）」，感覺不適合自己的話便會不去面試。（中井）

表明喜歡與不想做的事情

如果對自己沒自信，便會搞不清楚到底什麼是「適合自己的工作」。我跟人力仲介表明自己喜歡與不想做的事情，請他們介紹工作。如果他們也覺得「這個人合適」的話，企業應該也會雇用我，我是以這樣等待被發掘的心態找新工作。決定進入現在這家公司的關鍵，是對方在面試時有與我討論入職後「怎樣才會工作得比較輕鬆」這件事情。我認為「合不合得來」也是很重要的求職重點。（高田）

除此之外，還有這些方法！

我最重視自己的第六感，像是直覺認為適合自己的工作，或是建築物內部的亮度與氛圍等。只要稍有猶豫，就不要急著馬上做決定。

Maririn

我做過各式各樣的工作，最後決定從事看護工作。為了取得證照而進行職業訓練時，最大的收穫是學會如何面對自己。正因為能夠了解自己，才造就了現在的我。

naosu

希望從事的工作就藏在至今的經驗之中

曾經有人問我「有適合高敏人做的工作嗎？」但很可惜，每個人想做的事情與強項都不同，沒辦法一口咬定「高敏人最適合做這個」。

然而，我與高敏人討論他們的煩惱，過程中開始明白高敏人要充實又幸福地工作，關鍵就是以下三點。

1. 想法：想做的事情、讓自己覺得嚮往的事情

2. 強項：拿手的事情

3. 環境：職場環境及勞動條件等

滿足了以上條件，就能幸福地工作，也等於適合自己的工作。

1. 想法：想做的事情、讓自己覺得嚮往的事情

「想做的事情」聽起來可能很難想像，但線索就藏在至今為止的經驗之中。

包含打工在內，至今為止覺得喜歡、或是下意識會專注處理的業務內容，不妨將這些全都寫出來試試看。在思考「喜歡那個業務的哪裡」時，便能找出自己感興趣的傾向，像是「喜歡聽別人講話、為對方打氣」、「喜歡默默動手做事」等。

想做的事情，不是指「諮商師」、「事務人員」等頭銜或職稱，而是像「我想要聽別人講話、為對方打氣」這種**「想做什麼」的行動**。

2. 強項：拿手的事情

強項就是自己拿手的事情，除了「我會英文」這種明確的技能外，也包括像「在工作時能夠顧及整體」這種自然而然便做得到，或無意間一直做的事情。

經常被周遭的人稱讚的事情、「為什麼大家都做不到？」而覺得不可思議的事情、

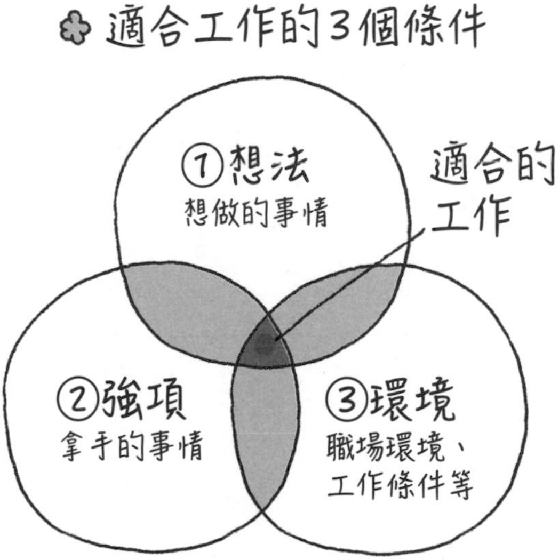

不小心就會想太多的事情，試著把上述這些想法寫出來，自然會找到自己的強項。

強項有時候會因為太理所當然而不容易察覺，推薦大家尋求人生教練、職涯規劃師、人力仲介等專家協助，聽取他們客觀的意見。

3. 環境：職場環境及勞動條件等

環境是指公司環境、人際關係（例如跟同事的價值觀是否一致）以及勞動條件等。如果有像「想要在家工作」等不願意妥協的條件，請不要覺得自己太任性，好好重視這些條件。去面試看到實際工作環境時覺得「好像不錯」，或是「如果在這裡上班感覺會窒息」等感想，這些沒理由的直覺也是很重要的判斷標準。

把想法與強項結合，便會得出具體的職業或事物。

（想做的事情）×（拿手的事情）＝（職業）。

舉一個極為簡單的例子，「想聽各式各樣的人講話」×「擅長寫文章」＝「以採訪為主的文字工作者」。此時再加上「環境」，思考「想跟怎樣的人共事」、「要進到某個機構裡工作嗎」、「要當自由業者嗎」等，加以具體規劃。選工作的重點，不是說必須跟理想的工作條件一模一樣才行，最重要的是掌握自己重視什麼。

一開始就從頭銜或職業去找自己想做的工作的話，很容易會迷失方向。像「我想聽各式各樣的人講話，什麼工作才能達到這一點？」這樣**以「我想……」為目標去看徵才網站的話，會更容易找到直覺「這個好像不錯」的工作**。

POINT

工作時最重視的是什麼？從了解自己開始

33

什麼樣的狀況會覺得身為高敏人真好？

終於來到了最後一個主題。我們至今探討了如何活用自身的纖細特質，也就是說從「有用」的角度來說明高敏人的好處。但接下來想要換一個角度來介紹高敏人的優點。以下是調查大家「什麼時候會覺得身為高敏人真好？」所得到的回答。

遇見美麗的事物時，連瑣碎小事都能細細品味

我在日常生活中很常遇到感動的事，遇見美麗的事物便會非常開心。像鮮花或影像的優美、咖啡與精油的香氣、用手撫摸貓毛時的柔軟觸感、吃到美味食物時的感覺等細節，我都能深入品味。（喵太）

能感覺到暖洋洋的感謝之意

我能夠敞開心扉待人，每天心裡都會滿溢著暖洋洋的感謝之意，感到很幸福。理解並選擇自己真心感到舒適的事物時也覺得很幸福。與高敏人同伴聊天時能體會對方的感覺，因而覺得安心，可以做真正的自己。同時感到即使不刻意改變自己也能被接受。（naosu）

幫助有需要的人，心靈上的交流讓自己的心也溫暖起來

我曾經在航空公司接待及援助身心障礙人士。在街上幫助有需要的人，即使只有一點也好，如果能跟對方有心靈上的交流，我便會感到非常幸福，彷彿自己的心也溫暖起來。（Nana）

除此之外，還有這些方法！

只要把臉埋在被太陽曬得暖烘烘的枕頭中，便覺得十分幸福。

中井

在散步時不經意地抬頭覺得藍天真美，或是在很隱蔽的角落發現貓咪時，便會覺得身為高敏人真好。

Saori

體會藝術帶來的感動、可以跟其他人進行深度的交流，以及能夠感受到大自然及動物等生物的溫柔。

yume

為自己去享受及品味，打造高敏人的充實人生

纖細特質不單是一種能應用在工作及私生活上的力量，更是**能讓人感受幸福的重要感性**。

起床發現天氣晴朗便會覺得開心，因旁人的小小體貼便覺得感動……如此這般，高敏人擅於發現每天的微小幸福。

身處於重視結果的社會，多多少少會在意自己有沒有派上用場，以及個人產能與效率。能夠眺望藍天，沒有時間限制地盡情思考，像這樣充分發揮感性、品味生活的時間對高敏人而言十分幸福。

請珍惜單純為了自己而盡情感受及享受的時間。

珍惜感受的時間，便能充分體會活著的喜悅。

最後，我想分享其他高敏人「覺得身為高敏人真好」的地方，以作為全書的總結。

・**對微小事情也能感到幸福。**前幾天看到家裡的蕾絲窗簾隨風飄蕩，實在太美了，

覺得很感動。（Eri）

・**有一顆能感受美好及可愛事物的心。**感謝父母將我生為高敏人。（上田攝子）

・**享受大自然的細微變化。**不用出遠門，只要眺望自家庭園四季更迭的景色，便會打從心底覺得「啊～好幸福～」。我還要老公感謝我「是個節儉持家的老婆～」（笑）。（彈珠汽水）

・不會對任何事情都沒有想法。**我的詞彙很豐富，雖然自己沒有感覺，但講到忘我時被稱讚是個有趣的人。**對自己喜歡的東西會喋喋不休，因此從事販賣工作業績很好。（Ayumi no Ayumi）

・不管是手工藝、DIY還是處理魚類，只要在YouTube上看過幾遍就能學會，覺得很有趣。另外**想到比起非高敏人，自己覺得「真漂亮」或是「好開心」等的感受都更加強烈，便覺得能體會這種感覺真的太好了**。（Rinna）

・**好吃的食物吃起來更好吃、開心的事情感到更開心、美麗的事物感覺更美麗，能夠用盡所有心神去感受。**覺得真是賺到了。（Maru）

・我的女兒也是高敏人，**在某些時候我們能夠互相理解，讓我深感欣慰。**此外，**因為待人處事不會過於強硬，因此也較少引起衝突。**（Q）

・**我比其他人更注意細節，在跟朋友或家人述說自己經歷時，因為太有臨場感而被稱讚很有趣。**另外覺得能把各種經驗綜合成有趣又好笑的故事與別人分享，都要歸功於高敏人獨有的能力。（千秋）

・**看星星、櫻花或是當季的花卉，覺得很美所以可以一直看，會馬上注意到其他人外貌上的變化，還有看電影看到大哭的時候，都覺得身為高敏人真好。**我挺喜歡自己這份感受的能力。（Lily）

- **受到別人關心或顧慮時，心裡會洋溢著溫暖，有種滿足的感覺。**此時會覺得擁有比別人加倍的感受力真好。（Mokotama）
- **對任何事物都會非常感動，也能察覺到人或動物的感情。看電影時不單是作品的內容，還能體會製作團隊的感受。我喜歡畫畫，不同顏色會感受到不同的印象。**（Akka）
- 我是「感動體質」，**會因一點小事覺得感動、開心，也會對別人的幸福產生共鳴，像發生在自己身上一樣高興，能夠直率地恭喜別人。**（竹）
- 讀了武田小姐的書，**知道原來能察覺大自然的變化也是自己的特質，變得更享受自然的變化**。看到當季花卉盛開，雲朵隨季節與天氣改變，便會非常高興。（高敏女孩）

・**我能夠醉心於大自然、動物、美好的事物、人、漂亮的東西，沉浸在一種難以言表的心情中。**如果沒有這種能力，生活可能變得非常無趣，彷彿人生所有色彩全部消失。（Maa）

・**會注意到環境的細微變化。**像是同事或朋友稍微修剪頭髮或染髮也會馬上發現，跟對方說的話他們便會很開心。（Makki）

・**會敏感地發現旁人細心的顧慮！**並因此覺得幸福而感到快樂。另外，聽到大自然的聲音或喧鬧的人聲時，會感到心靈被淨化，讓我覺得身為HSP真好……！（千加）

發掘每天日常生活的「美好事物」，以全身去感受及品味。

纖細特質是讓我們感受幸福的重要感性。

請好好珍惜您高敏的感性。

我從心底祝福所有高敏人能活出幸福、快樂的自己。

POINT

纖細特質是讓我們感受

幸福的重要感性

後記

一步一腳印實踐，就能日漸變得堅強

前面介紹了有關高敏人的各種知識，不知道大家覺得怎麼樣呢？

只要理解，便能採取對策。

這是我在諮商現場的親身感受。

前來諮商的人都懷抱著像「今後的工作怎麼辦」如此巨大的煩惱，因此像「怎麼拒絕聚餐的邀約」這般微小的煩惱，他們會在諮商時段快結束時，像是隨口詢問小知識的感覺問我「話說回來，這種時候我該怎麼辦呢？」

如果對方有微小的煩惱，我會一邊詢問實際狀況，「試著這樣說說看你覺得怎麼樣？」、「如果是〇〇我覺得能說出口」像這樣同時與對方憶起思考對策。

雖然不是100%，但這樣做，通常會有人在下次前來諮商時，跟我說「試著說說看，結果完全沒問題！」此時那位高敏人臉上，流露著喜悅的光彩。雖然處理巨大煩惱也很重要，但「試著做做看，結果居然沒問題」像這樣一步一步慢慢前進，在培養對自己或他人的信賴上，也是十分重要的關鍵。

後天學習對人際關係有巨大的影響。當然需要自己摸索，從錯誤中學習，但也有「超乎自己想像，光靠自己無法想出解決辦法」的時候。此時，如果事先知道「還有這些方法」，便能順利解決。

如果覺得「這個我好像做得到」，請試著說說看或做做看。如此一來便能養成對自己及周遭的信賴。

「試著做做看，結果沒問題」的經驗，會建立起「原來我可以做自己」的安心感。

拜託別人幫忙結果對方爽快答應、即使在工作上拒絕別人也不會影響到後續的人際關係等，這些經驗會讓我們覺得「原來人們意外地溫柔」，而培養出對人類的信賴感。

雖然也有辛苦的時候，但其實世界比我們想的還要美好。

我可以做自己就好。

能夠這麼想的時候，除了溫柔之外，更會變得堅強。高敏的特質不變，但更能堅定自己的意志，變得更為強大。

我喜歡高敏人。他們儘管煩惱，但都是出自於其為對方著想、深思熟慮的特質。我覺得高敏人這樣的特質，正是人類本質的縮影。

即使只有一個也好，希望本書介紹的方法能派上用場。

我從心底祝福所有高敏人能過得快樂有朝氣。

最後，要在此對接收諮商及協助問卷調查的各位獻上我的謝意。各位以高敏人獨有的細膩觀點，為我提供了許多知識與經驗。一開始完全想像不到會得到多少回答，但各位熱心地詳細回答我的問題，我閱讀收到的回答，內心滿是感動。沒想到會得到這麼廣大的支持，真的十分感謝各位。

協助將諮商內容製作逐字稿、安排章節及原稿的作家細田，協助繪製可愛插圖的畫家坂木，總是提供精美設計的tobufune，堅毅不屈的編輯吉野及神山，在此對各位獻上我最深的謝意。

有幸得到各方協助，本書終能送到各位讀者手上，我感到萬分榮幸。

寫於晴朗夏日的東京。武田友紀

〈参考文獻〉

泉谷閑示《「普通がいい」という病～「自分を取りもどす」10講》（講談社現代新書）

依蓮・艾倫（著），富田香里（譯）《ささいなことにもすぐに「動揺」してしまうあなたへ。》（SBクリエイティブ）

泉谷閑示《「心＝身体」の声を聴く》（青灯社）

水島広子《対人関係療法でなおす トラウマ・PTSD　問題と障害の正しい理解から対処法、接し方のポイントまで》（創元社）

水島広子《対人関係療法でなおす 気分変調性障害　自分の「うつ」は性格の問題だと思っている人へ》（創元社）

嘉柏・麥特（著），伊藤はるみ（譯）《身体が「ノー」と言うとき——抑圧された感情の代価》（日本教文社）

威廉・布瑞奇（著）、倉光修・小林哲郎（譯）《トランジション——人生の転機を活かすために》（パンローリング）

依蓮・艾倫（著），明橋大二（譯）《ひといちばい敏感な子》（1万年堂出版）

明橋大二（著）、太田知子（繪）《HSCの子育てハッピーアドバイス HSC＝ひといちばい敏感な子》（1万年堂出版）

長沼睦雄《「敏感すぎる自分」を好きになれる本》（青春出版社）

武田友紀

高敏感專業諮商師。本身也是高敏人。九州大學工學部機械航空工學系畢業後，原於大型製造商擔任研究開發工作，後轉以諮商師身分獨立開業。針對高敏感族心理機制所設計的諮商服務，以及工作適性測驗廣受好評，吸引全國各地的求助者慕名而來。著有《高敏人的職場放鬆課：給在職場精疲力盡的你，高敏感專業諮商師的42則放鬆處方箋》、《高敏人的優勢練習課：認同自己的「敏感力」，發揮內在力量的天賦使用說明》等書。除了出演廣播與電視節目等以外，亦會舉辦專題演講、座談等，致力於提升高敏感的社會認知度。

更多資訊詳見 繊細の森 網站：
http://sensaisan.jp/
刊有大量專欄文章及散文。

日文版STAFF
插畫　坂木浩子
編輯協力　細田操子

國家圖書館出版品預行編目(CIP)資料

你不奇怪,只是比較敏感 : 學會與自己相處,解決90%人際x職場x生活的煩惱/武田友紀著 ; 池迎瑄, 高詹燦譯. -- 初版. -- 臺北市 : 臺灣東販股份有限公司, 2021.04
208面 ; 14.6×21公分
ISBN 978-986-511-654-5(平裝)

1.神經質性格 2.生活指導

173.73　　110002755

你不奇怪，只是比較敏感

學會與自己相處，解決90%人際×職場×生活的煩惱

2021年4月1日初版第一刷發行

作　　者　武田友紀
譯　　者　池迎瑄、高詹燦
編　　輯　曾羽辰
特約美編　鄭佳容
發 行 人　南部裕
發 行 所　台灣東販股份有限公司
<地址>台北市南京東路4段130號2F-1
<電話>(02)2577-8878
<傳真>(02)2577-8896
<網址>http://www.tohan.com.tw
郵撥帳號　1405049-4
法律顧問　蕭雄淋律師
總 經 銷　聯合發行股份有限公司
<電話>(02)2917-8022